초대교회에 길을 묻는 이들에게

홍현민, 이충익, 김존 저

하늘씨앗

초대교회에 길을 묻는 이들에게

초판 1쇄 | 2022년 1월 1일
저자 | 홍현민, 이충익, 김존
편집 | 강남호
출판 | 하늘씨앗
홈페이지 | www.heavenlyseeds.org
이메일 | info@heavenlyseeds.com
출판등록 | 제402-2015-000011호
주소 | 경기도 군포시 산본로 323번길 16-7번지 705호
전화 | 031-398-4650
팩스 | 031-5171-2468

ISBN | 979-11-90441-08-7

책값은 뒤표지에 있습니다.

초대교회에 길을 묻는 이들에게

엘리노어
여사의
편지

그리스도를 믿는 친구들에게,

우리는 여럿이지만 하나의 몸을 이루며, 누구에게나 같으신 주 예수 그리스도를 섬깁니다. 예수 그리스도의 이름으로 문안합니다.

이 책에 나오는 인터뷰를 남편 옆에서 즐거운 마음으로 듣던 때가 기억나네요. 알랜은 편안한 생각과 마음으로 대화를 나누었습니다. 알랜이 나눈 모든 이야기는 저에게 친숙한 것들이었지만, 그때는 오히려 새롭게 들렸어요. 이 인터뷰는 초대교회 그리스도인들의 삶과 믿음에 관한 역사적 연구를 위해 알랜이 계속 쏟아왔던 열정과 기쁨을 다시 생각나게 해 줍니다.

우리 부부가 처음 영국에 갔을 때 알랜은 폭력과 전쟁에 관한 초대교회 그리스도인들의 태도를 연구한 불어책을 영어로 번역하는 일을 부탁받았습니다. 알랜은 그 책을 번역하면서 예수님 시대 이후 로마 제국의 정치적·사회적 환경을 접하게 되었습니다. 알랜은 그 프로젝트를 위해 집중적으로 연구할 시간을 따로 떼어놓기로 마음먹었어요. 알랜의 결정에 따라 우리 부부는 한겨울 바닷가 오두막에서 2주를 보냈어요. 바다에 폭풍우가 일고 차가운 바람이 몰아쳤지만, 알랜은 그런 날씨에 아랑곳하지 않았습니다. 도톰한 잠옷 위에 담요를 둘둘 감은 채 책상에 있는 원고에 몸을 기울였지요. 알랜이 상상 속에서 초기 그리스도인들과 이야기를 나누는 모습은 매우 인상적이었어요.

이때로부터 오래 지나지 않아 저는 대학원에서 예배학을 공부하기 시작했어요. 수업에서 초기 그리스도인의 예배에 관해 제가 발표하기로 했는데, 그때 알랜도 저와 함께 로마의 여러 카타콤에서 발견한 벽화에 관한 책을 연구했습니다. 우리는 초대교회 그리스도인들이 모였던 아파트의 평면도를 발견했습니다. 듀라 유로포스 지역에는 지금도 남아 있는 가장 오래된 초대교회 그리스도인들의 예배 처소가 있는데, 이곳의 사진들을 보면서 초대교회 그리스도인들의 다양하고 생생한 세계에 우리의 눈이 열리게 되었습니다. 알랜의 사진 기술 덕분에 저는 이 사진들을 이용해서 시각적인 강의를 성공적으로 준비할 수 있었죠. 이후 알랜은 이 프로젝트가 초기 그리스도교를 연구하게끔 자신을 "낚았다"라고 말하곤 했어요.

얼마 후 우리는 프랑스 남부에서 여름 휴가를 보내게 되었어요. 알랜은 가장 아끼던 롤레이 카메라를 들고 프로방스의 포도밭을 걷는 것을 좋아했지요. 그러던 어느 날, 산책에서 돌아온 알랜의 눈이 반짝반짝 빛났습니다. 마음으로 주님의 분명한 부르심을 감지했던 것이었어요. 기독교 역사가로 훈련을 받아온 알랜은 초대교회 그리스도인들의 목소리를 오늘날의 그리스도인들과 연결하라는 하나님의 부르심을 그때 느낀 것입니다. 그 부르심은 초대교회 그리스도인들과 현대 그리스도인들의 대화를 이끌어내라는 것이었고, 그럼으로써 우리 시대의 교회들이 고대 교회들로부터 배우도록 도우라는 것이었습니다.

저는 여러분이 이 책을 읽으면서 고대 자료를 통해 오늘날의 교회에 새로운 생명을 불어넣으려는 알랜의 열정과 기쁨, 그리고 열망을 보게 되기를 바랍니다. 알랜은 초대교회 그리스도인들 안에서 예배와 온 세상을 복음화하고자 하는 열망이 어우러지는 온전함을 보았습니다. 그들은 우리와 유사한 질문을 가지고 씨름했습니다. 믿음과 행함을 어떻게 연결할 것인가? 비그리스도교 문화와 어떻게 관계를 맺을 것인가? 새로운 신자들을 어떻게 가르칠 것인가? 예수님의 관대함, 진리 그리고 용서를 따르면서 어떻게 자유롭게 살 것인가?

초대 그리스도인 공동체는 하나님의 사랑받는 자녀인 것과 그리스도인의 삶에서 선행을 하는 일이 대립하지 않는다는 사실을 증명해 줍니다. 존재와 행위는 나누어지는 것이 아니라, 시너지를 만들어 내는 것이니까요. 그리스도인들은 하나님의 선물로 믿음을 갖게 되고, 그런 다음 성령님이 매일의 삶 속에 주시는 능력에 힘입어 구주이신 예수 그리스도를 섬기게 됩니다.

회심은 어떻게 일어납니까? 하나님의 은혜가 삶 속으로 흘러 들어가면서 사람을 바꿉니다. 하나님의 은혜는 사람들을 변화시키고 새롭게 만듭니다. 은혜는 서로 사랑하는 삶을 통해 계속해서 밖으로 흘러갑니다. 사람들이 하나님의 은혜를 받으면 꽃을 피우며 사랑의 열매가 맺힙니다. 하나님을 향한 사랑과 이웃을 위한 사랑이지요.

여러분은 알랜의 이야기를 통해 초대교회 그리스도인들은 자신들의 예배 중에 하나님이 일하고 계신다는 사실을 깨달았음을 아시게 될 것입니다. 예배는 두 방향으로 움직였습니다. 예배자들은 하나님을 찬양하고 하나님께서는 그들을 변화시키셨습니다. 그분들은 예배를 통해 일상의 삶에서 증거하는 용기와 사랑을 받았습니다. 예배 속에서 이루어지는 화해가 그분들을 평화의 사람으로 만들었습니다. 예배로 하나님께 표현한 사랑이 다시 그들에게로 흘러 들어갔습니다. 이로써 예배자들은 예수님의 영으로 기도하고 섬기는 친절하고 너그러운 이웃이 되었습니다.

하나님께서는 초대교회 그리스도인들을 인내하셨습니다. 우리와 마찬가지로 그들도 실수했으니까요. 하나님께서는 우리도 인내하십니다. 그분의 동역자로서 우리가 때로는 비틀거려도 그분은 비밀스럽게, 조용히, 드러나지 않게, 그러나 때로는 드러나게 일하고 계심을 우리는 알고 있습니다. 하나님의 역사는 발효와도 같아(김치처럼) 멈추게 할 수 없습니다.

"우리를 사랑하시고 은혜로 영원한 위로와 선한 소망을 주시는 하나님 우리 아버지와 우리 주 예수 그리스도께서 친히 여러분의 마음을 격려하시고, 모든 선한 일과 말에 굳세게 해 주시기를 빕니다." (데살로니가후서 2:16-17)

엘리노어 크라이더 Eleanor Kreider

My dear Christian friends,

We who are many are one body,

We serve the same Lord Jesus Christ.

I greet you in the name of Jesus.

I remember listening with joy to these interviews. Alan spoke freely from his mind and his heart. All that he said was familiar to me, but fresh. It reminded me of Alan's perennial enthusiasm and delight in historical research into the faith and life of early Christians.

When we first went to England Alan was asked to translate from French to English a book about early Christians' attitudes to violence and war. That was his introduction to the political and social milieu of the Roman Empire just after Jesus' time.

Alan decided to set aside dedicated time to work on this project. So, in the middle of winter we spent two weeks in a cottage by the sea. The sea stormed and the cold wind roared. But Alan paid little attention to the weather. Wearing a padded robe and wrapped in a blanket, he bent over the manuscripts on his desk. He imagined himself conversing with the early Christians. It was immensely stimulating.

Not long after, I began a graduate course of study in liturgy. I chose to make my class presentation on early Christian worship. Alan joined me in studying books about the wall paintings found in the catacombs of Rome. We found floor plans of apartment houses where Christians gathered. Photographs of the earliest extant Christian house for worship at Dura Europos opened our eyes to the varied and vivid world of the first Christians. Using his photography skills, Alan helped me to prepare a visually successful lecture as my project. He often said that this project "hooked" him(like a fish hook) to study early Christianity.

Some time later we spent our summer holiday in southern France. Carrying his beloved Rollei camera, Alan loved to walk through the vineyards of Provence. One day he came home from his walk, his eyes shining. In his mind and heart he had come to a clear sense of calling. Trained as a Christian historian, he now sensed God calling him to link voices of earliest Christians with Christians of today. He would foster conversations between them. He would help churches of our time to learn from the ancients.

I hope that as you read this book you will catch Alan's enthusiasm, his joy, and his desire to bring fresh life from these ancient sources to our churches today. He saw wholeness in these Christians, as they melded worship and their desire to reach out to the world around. They wrestled with questions similar to our own: how to link what we believe with how we behave; how to relate to our non-Christian culture; how to teach new believers; how to live freely in Jesus' way of generosity, truth and forgiveness.

These early Christian communities testify to us that being beloved children of God and doing the good deeds of a Christian life are not in opposition. They do not divide; being and doing can create synergy. Christians have faith(a gift of God) and then, empowered in their daily life by the Holy Spirit, they serve their Savior Jesus Christ.

How does conversion happen? The grace of God, as it flows into their lives, changes people. It transforms them and makes them new. Grace flows on, outward, through their loving lives. When people receive God's grace they bloom. The fruit is love: love for God and love for neighbor.

As you will hear from Alan, the early Christians realized that God was at work in their worship. Worship moved in two directions. They praised God, and God changed them. In worship they received the love and courage to make testimony through their daily lives. The reconciliation they made with one another in worship formed them into a people of peace. The love they expressed to God in worship flowed back through them. It released them to be kind and generous neighbors, willing to pray and serve in the spirit of Jesus.

God was patient with the early Christians. They made mistakes, just as we make mistakes. God is patient with us, too. Even though we may falter as his co-workers, we know that God is at his work: secret, silent, hidden, but at times visible. God's work is like ferment(kimchi). It cannot be stopped.

"And now may our Lord Jesus Christ himself and God our Father who loved us and through grace gave us eternal comfort and good hope, comfort your hearts and strengthen them in every good work and word."

2 Thessalonians 2:16 −17

책이
나오기까지

"초대교회에 길을 묻다"(원제: Resident But Alien: How The Early Church Grew)가 출판된 지 벌써 2년이 지났습니다. AD 100~500년 사이 로마제국의 초대교회 그리스도인들과의 통시적 대화(Diachronic dialogue)를 통해 교회에 대한 기존의 생각이 혼란스러워지고, 안일한 생각이 흔들리고, 새로운 희망을 품기를 바라는 마음으로 출판된 이 책이 그 목적을 얼마나 이루었는가를 가늠하기에 아직 충분한 시간이 지난 것은 아닙니다. 그런데도 이 책을 통해 초대교회 그리스도인들과의 만남과 대화가 시작되었으며, 왜 지금 우리가 초대교회 그리스도인의 삶의 모습과 관련된 질문을 해야 하고, 또 그들이 우리에게 되묻는 질문에 정직하게 답을 해야 하는지 알 것 같다는 독자들의 반응이 있었습니다. 또한 초대교회 그리스도인과의 대화는 혼자보다는 교회의 참모습을 진지하게 고민하는 친구들과 함께 하는 것이 좋다는 역자의 제안에 따라 교회의 중, 고등부 수련회, 청년대학부 북클럽, 대학 캠퍼스 동아리, 국내외 지역 목회자 모임, 목회자 세미나, 선교단체 모임, 선교사

평생교육 모임 등에서 이 책으로 토론회를 열었다는 이야기를 듣는 것은 큰 기쁨이자 감사였습니다.

책을 읽고 토론하면서 갖게 된 다양한 질문들을 이곳저곳에서 받아 보았습니다. 그 질문들은 책에 대해 더욱 자세한 내용을 알고 싶어 하는 것들(예, 예배에 대한 상세한 설명, 정식 교인이 되는 과정, 역사 문서에 기록된 선교사들 등)과 로마의 사회, 경제, 종교 상황과 관련된 질문들(예, 로마인들의 다신 숭배 상황 속 유일신교, 여아 유기, 장례 문화, 용병 제도 등)처럼 내용을 더 잘 이해하기 위한 것들이 많았습니다. 이와 더불어 초대교회 그리스도인들의 삶을 현대교회와 그리스도인의 삶에 적용하는 것과 관련된 것들(예, 입맞춤의 현대적 의미와 실천, 다중음성 예배의 실천 방안, 성도 간 상호 지지와 책임 등)도 여럿 있었습니다. 질문이 많다는 것은 책의 내용에 대한 매우 긍정적인 반응이라고 생각합니다. 추가 정보를 구하는 질문들은 당시 상황에 대해 호기심을 갖는다는 증거가 되고, 적용을 위한 질문들은 현재 상황에 대한 문제의식과 더불어 초대교회 그리스도인들이 지금 우리의 문제에 대한 방향을 제시할 수도 있다는 기대 가운데 나온 것으로 생각하기 때문입니다.

그 밖에 책의 제목을 "초대교회에 길을 묻다"로 정한 이유를 묻는 분들도 있어서 이에 대해 간략하게 답하고자 합니다. 우리는 어떤 상황에서 길을 묻지요? 길을 잃어버리거나 자신이 가고 있는 길이 맞는지 확인하고 싶을 때일 것입니다. 그런 상황에 처한 사람은 "(그 목적지로 가려면) 어디로 가야 하나요?", 혹은 "이 길로 가는 것이 맞나요?"라고 물어볼 것입니다. 그런데 조금 더 생각해 보면 이런 질문은 '길을 가고 있을 때'라야 물을 수 있는 질문입니다. 여정 자체를 시작하지 않고 자신이 있는 자리에서 움직이지 않는 사람은 길을 물어보지 않을 겁니다. 마치 사회운동의 발단이 현상에 대한 불만이 있을 때 생겨나며 혼자만의 움직임으로는 부족하기에 누군가와 함께 시작하는 것과 같은 이치라고 생각합니다. 자신이 도달하고자 하는 목적지(또는 방향)를 설정하고, 그곳을 향해 가고자 하는 사람들만이 길을 묻거나 확인하는 질문을 할 것입니다.

"초대교회에 길을 묻다"는 교회의 원형과 본질은 과연 존재하는가, 존재한다면 어떤 모습과 형질일까를 궁금해하는 그리스도인들, 그리고 우리 공동체가 지금 가고 있는 여정이 옳은 방향인가를 검토하는 그리스도인들이 초대교회 그리스도인들에게 길을 묻는 대화를 시작하도록 돕기 위한 책이라는 뜻에서 책 제목이 되었습니다.

크라이더 교수님을 처음 뵌 것은 2015년 태국에서 열린 위클리프 성경번역 선교회 아시아-태평양 지역 지도자 초청 세미나에서였습니다. 당시 저는 위클리프 아시아-태평양 지역 교회 협력(Church Engagement) 사역 책임자로 일하고 있었으며, 제 역할 중 일부는 이 지역 지도자들을 훈련하며 함께 묵상하는 것이었습니다. '회심의 변질'을 통하여 크리스텐덤[1] 이후의 교회가 그 이전의 교회와 어떻게 달라졌는지, 그리고 현대교회들이 크리스텐덤의 끝자락에서 교회의 원형과 본질에 대해 어떤 생각을 해야 하는지를 깨닫게 해 준

---

1) 크리스텐덤(Christendom): 그리스도교가 지배하는 국가를 말한다. 그리스도교는 국가의 법, 사회의 정체성, 문화 등을 지배하며 국가는 그리스도교의 교리, 예배, 선교를 지지하여서 한 몸이 된다. 크리스텐덤은 313년 콘스탄틴 황제의 밀라노 칙령에서 시작되었다고 생각하고, 르네상스로 인해 서서히 쇠퇴하다가 20세기 말에 와서 포스트 크리스텐덤으로 전환 되었다. 16세기 종교개혁도 크리스텐덤 자체를 무너뜨리지는 않았다. 실제로 종교개혁의 주류 분파는 국가 교회의 형태를 지향하였다.

크라이더 교수님을 초대하여 30년 넘게 해오신 그분의 연구 내용을 듣는 것은 형용하기 어려운 감격이고 기쁨이었습니다.

오랫동안 "교회란 무엇인가?"라는 질문과 더불어 "교회와 하나님의 선교, 그리고 교회와 하나님 나라는 어떤 관련이 있는 것일까?", "교회적 선교, 선교적 교회는 무엇일까?", "복음의 온전성을 담아낸 그리스도인의 삶이란 어떤 모습일까?", "지역의 구분, 문화의 구분을 넘어서 일상 속에서 복음을 증거한다는 것은 어떤 모습일까?", "믿음과 삶, 그리고 신앙 공동체는 어떤 상호 관계가 있을까?", "상황화된 그러나 동시에 대조적인 공동체로서 교회는 어떤 모습이어야 하는가?" 등을 고민해 온 저에게 "초기 교회와 인내의 발효"(Patient Ferment: The Improbable Growth of the Early Church)라는 주제의 크라이더 교수님의 강의는 위에 열거한 모든 질문에 대해 전혀 새로운 측면과 수준의 답을 제시해 주었습니다. 저는 3일 동안 강의를 듣는 내내 처음부터 끝까지 완전히 압도되었습니다. "압도되었다"는 단어 외에 다른 적절한 표현이 생각나지 않습니다. 마치 철도 건널목을 건너던 차가 빠르게 다가오는 기차를 보고 피할 생각을 못 하고 멈춰버린 것과 유사한 느낌으로, 강의 내내 초대교회 그리스도인들과의 만남에 압도되었습니다. 강의가 끝난 후 크라이더 교수님과의 개인적인 만남 가운데 다음 해로 예정된 제 안식년 기간의 대부분을 교수님으로부터 배우는 시간으로 갖고 싶다고 말씀드렸습니다. 며칠 생각해 보시겠다는 교수님의 답을 기다리는 동안 저는 연구 제안서(1700+년전 그리스도인들과의 대화)를 작성해서 보냈고, 며칠 후 교수님께서는 저의 연구를 기꺼이 지도해 주시겠다고 답을 주셨습니다. 자신이 가르치는 학교에 등록된 학생도 아니고, 그 학교의 졸업생도 아닌 제게 자신의 시간을 내어 연구를 도와주시겠다는 교수님의 성품에 깊이 감동되었습니다. 안식년 기간 중 크라이더 교수님에게 개인적인 지도를 받으며 연구를 진행하던 중, 연구의 초기이기는 하지만 이 내용을 미국과 캐나다 한인 목회자와 선교사들에게 나누고 싶은 생각이 매우 강하게 들어서 그동안 교제하고 지내던 분들과 함께 미국 디트로이트에서 3일 동안 세미나를 했습니다. 세미나 내용은 "초대교회에 길을 묻다"에 담긴 내용과 유사했지만, 교수님 내외분과의 질의응답 시간과 두 분이 연구한 초대교회 가정 예배를 근간으로 함께 예배를 드리는 시간은 깊은 감동의 시간이었습니다.

크라이더 교수님께서 주신 참고서적 목록에 담겨 있는 책들을 읽어가며 교수님이 지나가신 30년의 연구 발자취를 따라가 보았습니다. 그러면서 왜 교수님은 크리스텐덤의 기원과 회심의 변질 그리고 초대 교인들의 예배와 삶에 관심을 두게 되었을까 하는 질문이 생겼습니다. 또 교수님이 연구를 통해 깨달은 내용을 정리하면 어떨까 하는 생각이 들었습니다. 저뿐 아니라 디트로이트 세미나를 함께 다녀온 후 크라이더 교수님의 다양한 저작을 읽기 시작한 목사님들(토론토 이충익 목사님과 김존 목사님)도 같은 생각을 가지게 되면서 저희 세 사람은 크라이더 교수님과 만남을 통해 우리가 가진 질문들을 가지고 인터뷰를 하게 되었습니다. 교수님은 저희의 방문을 흔쾌히 허락하셨고 저희는 여러 번 다듬은 질문지를 교수님께 미리 보내 드리면서 인터뷰를 준비했습니다. 2017년 4월 11일과 12일 이틀 동안 저희는 인디애나주 고센 시에 계신 크라이더 교수님을 방문하여 인터뷰했고 그때의 인터뷰 내용이 이 책에 담긴 내용입니다. 이틀간의 만남 동안 저희 세 사람은 물론이고 교수님 내외분도 이 인터뷰가 크라이더 교수님 생애 마지막 인터뷰가 되리라고 생각하지 못했습니다. 저희가 인터뷰한 날로부터 26일만인 2017년 5월 8일 하나님께서는 크라이더 교수님을 하나님의 온전한 통치 가운데로 데려가셨습니다.

크라이더 교수님의 소천을 알려 주기 위해 엘리노어 사모님께서는 "8th day has dawned(제8요일이 밝아왔습니다)"라는 제목의 이메일을 보내셨습니다. 그 이메일은 다음과 같습니다.

> 오늘은 5월의 여덟 번째 날, 아름다운 날입니다.
> 8시 8분 알랜은 마지막 숨을 쉬었습니다.
> 알랜은 집에서 사랑하는 가족들에게 둘러싸여
> 평화롭게 숨을 거두었습니다.
> 사랑으로,
> 엘리

> It was beautiful that today is the 8th day of May;
> at 8.08 Alan breathed his last.
> He died peacefully at home surrounded by our loving family.
> Love,
> Ellie

제 8요일(The Eighth Day)

크라이더 교수님의 설명에 의하면 초대교회 그리스도인들은 일곱째 날에 하나를 더해 여덟째 날이라는 명칭을 사용하였다고 합니다. 한 주를 시작하는 첫째 날을 가리켜서 여덟째 날, 즉 제8 요일이라고 부르면서, 주님의 부활과 다시 하늘에 오르심을 기념하며 새로운 시작을 기념했다고 합니다. 인디애나주 고센 시에 있는 크라이더 교수님 댁을 방문했을 때 입구 옆에 '제8 요일'이라고 쓴 팻말이 붙어 있었던 것이 기억납니다. 새로운 시작을 고대하시며 제8 요일을 사랑하셨던 크라이더 교수님이 5월 8일, 8시 8분에 하나님의 부르심을 받으셨다는 이야기를 들었을 때, 제 마음에는 예수님 승천 시 불었던 바람이 불어오는 것 같았습니다.

"초대교회에 길을 묻다"(하늘씨앗), "회심의 변질"(대장간), "초기 기독교의 예배와 복음 전도"(대장간), "초기 교회와 인내의 발효"(IVP) 등의 책을 읽은 분들에게 이 인터뷰 자료를 드립니다. 이 자료를 읽으신 후 크라이더 교수님의 책을 다시 읽으시면 훨씬 더 깊은 이해가 가능할 것입니다.

제 간절한 소망은 한인 그리스도인들 가운데 초대교회에 대한 연구가 일어나는 것입니다. 신약에 기록된 초대교회와 더불어 역사 문서 가운데 기록된 초대교회에 대해 연구하고, 크리스텐덤으로 접어들면서 교회가 어떻게 변질하였는지를 연구하는 분들이 많아지기를 바랍니다. 이런 연구는 길을 잃은 교회들에 나아갈 바를 보여주며 새로운 희망을 제시하리라 생각합니다.

크라이더 교수님 내외분으로 인해 하나님께 감사드립니다.

홍현민
joseph_hong@wycliffe.ca

interview #1

· 왜 초대교회를 연구해야 하나요?
· 교수님의 연구는 다른 학자들과 어떤 면에서 구별되나요?
· 초대교회는 현대교회의 모델인가요?
· 초대교회를 역사적 관점으로 보는 것은 왜 유익한가요?
· 초대교회의 제자도·예배·선교 사역은 우리와 어떤 연관성이 있나요?

Q₁

박사님은 초대교회를 연구하시는 역사학자입니다. 어떤 계기로 이 분야를 연구하고 강의하게 되셨나요? 왜 초대교회를 연구하시나요?

A

저는 학자입니다. 영국 선교사가 되기 전에 박사학위를 취득했습니다. 이는 대학에서 강의하기에 잘 맞는 훈련 과정이었기에 영국에 선교사로 가게 된 일은 뜻밖이었습니다.

여하튼 이것은 제 경험의 일부입니다. 존 오이어(John Oyer)가 쓴 "아나뱁티스트에 반대하는 루터교 개혁자들"은 제가 글을 쓰는 일에 평생을 바칠 거라는 생각을 하게 해 준 책입니다. 저에게 매우 중요한 분인 저자가 이 책을 저에게 헌정하셨습니다. 나중에 이분에 관해 더 이야기하겠습니다.

고센 대학을 졸업할 때쯤, 저는 진지하게 학문을 연구하고 싶었고 교회에 헌신하며 교회에 대한 아나뱁티스트식 이해에 몰입해 있었습니다. 저는 영국 종교개혁을 연구하며 박사학위 논문의 증보판으로(책을 보여 주시며) 이 책(English Chantries)을 출판했습니다. 이 책은 좋은 연구서이지만 하나님 나라와 직접적인 연관성은 없습니다. 이러한 학문적 배경에서 저는 영국 선교사가 되었습니다. 저는 학자였지만 신학이나 선교학 훈련을 받지 못했고 목회 방법도 훈련받지 못했습니다. 아마 나중에 저같이 준비되지 않은 사람을 런던에 배치한 놀라운 선교 철학에 관해 이야기할 기회가 있을 것입니다.

1970년대 초반에 저희가 유럽으로 갔을 때 유럽은 핵 위기 가운데 있었습니다. 이 상황은 70년대와 80년대에도 계속되었습니다. 저는 평화주의 전통에서 자랐으며, 폭력과 전쟁에 대해 고민하며 글을 쓰는 메노나이트였습니다. 그러한 이유로 저는 전쟁을 주제로 하는 연설에 초대되기 시작했고, 토론 방식으로 진행되는 모임에서 이야기할 기회가 많았습니다. 왕립 공군 대장인 닐 캐머론(Neil Cameron) 경과 같은 군 고위직에 있는 사람과도 토론했습니다. 또한 신학적 상황에서는 핵 평화주의자인 존 스토트(John Stott)와 해석학에 관해 토론하기도 했고, 전쟁 옹호자인 영국 라브리 공동체의 제람 바스(Jerram Barrs)와도 토론했습니다. 7, 80년대에 저는 전쟁과 폭력을 주제로 읽고, 생각하고, 쓰고, 토론하는 데 많은 시간을 보냈습니다.

그때 초대교회 그리스도인들은 평화주의자였다고 들었습니다. 만약 그렇다면 더 알아보아야겠다고 생각했지요. 쟝 미셸 호너스가 불어로 쓴 "싸우는 것은 합법적이지 않습니다: 초대교회 그리스도인들의 전쟁과 폭력 그리고 정부에 대한 태도"(1980년 출판)라는 책을 영어로 번역하기도 했습니다.

제가 초대교회와 전쟁에 대해 이해하려고 노력하고 있을 때, 아내 엘리노어는 초대교회의 예배를 연구하며 초대교회 시대의 예전에 관한 글을 읽고 있었습니다. 아내를 통해 초대교회 그리스도인의 예배에 대해 알게 되면서, 저희는 함께 초대교회의 미술도 공부했습니다. 저희 부부는 초대교회 그리스도인의 다양한 삶의 모습들을 연구하면서 그 모든 것들이 흥미롭게 서로 연결된다는 사실을 발견했습니다.

저희 부부는 함께 일하는 것을 좋아했습니다. 저는 종교개혁사를 전공한 메노나이트로서 핵폭탄과 핵미사일에 관한 글을 쓰는 동시에 초대교회도 연구했습니다. 그러던 어느 날 이런 생각이 들었습니다. 제가 전쟁을 반대하는 토론에 쓸 '탄약'을 구하려고 초대교회를 연구해 왔다는 생각이었죠. 그런데 초대교회에 가까이 가면서 제가 발견한 것은 '탄약'이 아니라 '생명의 떡'이었습니다. 초대교회 그리스도인들은 저에게 먹을 것과 새로운 통찰력, 새로운 관점을 주었고, 더 심오한 질문들을 할 수 있도록 놀라운 방법으로 저를 눈뜨게 해 주었습니다.

제게 주어진 시간과 연구 활동이 모두 초대교회를 향하기 시작했습니다. 초대 교회는 제게 생명을 불어넣어 주었습니다. 초대교회 연구가 제 마음에 말을 걸어왔습니다. 이러한 경험은 30대부터 40대 초반에 걸쳐 계속되었습니다. 제가 왜 초대교회를 연구할까요? 하나님이 그곳으로 인도하셨다고 믿기 때문입니다! 하나님께서는 우회로를 통해 저를 초대교회로 인도하셨고 제 아내 엘리노어와 함께 배우고 사역하도록 하셨습니다. 초대교회 연구는 단지 학문적인 것이 아니라, 우리 부부의 "더불어 사는 삶"에 관한 것이었습니다. 저희 부부는 다른 사람들이 초대교회에서 찾지 못한 것을 찾고 있었으며 그 일로 매우 흥분했습니다. 제가 초대교회에 대한 글을 처음 쓴 때가 1987년이었으니, 초대교회를 연구한 지도 어느새 30년이 되었네요. 무엇이 제가 이런 연구를 하게 했을까요? 제 생각에 굶주림이 동기였습니다. 저는 굶주려 있었고 하나님께서는 제 영혼과 마음에 양식을 베풀고 계셨습니다.

Q₂

다른 학자들의 발견과 비교해서 교수님이 발견하신 것은 어떤 점에서 구별되나요?

A

기존의 학자들은 초대교회를 연구하며 폭이 좁은 질문들을 토대로 전체를 여러 개의 작은 영역으로 나누어 놓았습니다. 그래서 여러분이 신학대학원에 가면 신학, 신약학, 목회학, 또는 예배학 등의 수많은 전문 영역으로 나누어진 공부를 하게 됩니다. 그러나 저는 초대교회 그리스도인들이 세상을 그렇게 나누어 보지 않았다는 사실을 발견하고는 놀랐습니다. 초대교회의 여러 측면은 서로 관통하였습니다. "크리스텐덤 이전의 예배와 전도"(1995년 출간)는 제가 쓴 책 중 처음으로 많이 읽혔습니다. 제가 초대교회에 대한 글을 쓸 때 예배에 관해 쓰지 않고서는 전도에 관해 쓸 수가 없습니다. 초대교회에서 '예배'와 '삶을 통해 세상에 다가가는 전도'는 분리할 수 없습니다. 만일 삶을 통한 전도가 빠진다면, 아주 무미건조한 예배를 드리게 되거나 살아계신 하나님과의 교제에 뿌리내리지 못한 삶을 살게 됩니다. 예배와 전도 사이에 끊임없는 대화를 하여야 합니다.

책 제목을 이것으로 정한 이유가 있습니다. 런던 성경 대학(London Bible College)으로부터 강의를 요청받았을 때 저는 호주에 있었습니다. 강의 요청을 받자마자 제목을 제출해야 했는데, 그때 제게 떠오른 생각이 "크리스텐덤 이전과 이후의 예배와 전도"였습니다. 저는 점점 더 그 제목에 빨려 들어가면서 예배와 전도의 연결성과 크리스텐덤으로 인해 생긴 변화의 중대성을 적극적으로 믿게 되었습니다. 저는 도서관 사서들이 어디에 꽂아야 할지 고민하게 되는 책을 쓰고 싶었습니다. 이 책이 선교에 관한 책인가? 그렇게 볼 수도 있지. 기독교 교육에 관한 책인가? 그렇게도 생각할 수 있지. 예배에 관한 책인가? 그것도 맞고. 윤리에 관한 책인가? 물론이지. 윤리가 없이도 그리스도인다운 삶을 살아갈 수 있습니까? 이런 윤리적 질문들을 하지 않고도 제자 훈련을 할 수 있나요? 신학과 예배가 이 모든 것을 뒷받침해 줍니다. 다른 저자들은 그런 종류의 글을 쓰지 않았습니다. 하지만 초대교회는 전체론[2]적인 모습을 보여주었습니다.

A

[엘리노어 사모님] 현대 학자들은 예배에 관한 기록에 아주 관심이 많습니다. 그들은 어떻게 예배해야 하는지 그리고 어떤 말을 사용해야 하는지를 알고자 매우 꼼꼼하게 예전을 검토합니다. 그러나 초대교회 시기에는 성령님의 역할이 아주 중요했습니다. 성령님이 사람들을 움직이셔서 그들이 가진 은사가 예배에 드려지도록 성도들은 열린 마음으로 기다렸고, 예배의 틀도 더 유연했습니다. 더 많은 자발성이 있었던 겁니다.

A

저는 제 글에 나오는 예배 때 나누던 '평화의 인사'에 대해 관심이 많았습니다. 아내는 노트르담 대학에서 공부하면서 그곳의 학자들이 '평화의 인사'에

---

2) 전체론(全體論; Holism, Wholism)은 생명 현상의 전체성을 강조하고, 전체를 단순한 부분의 총합으로서는 설명할 수 없다는 입장이다. 전체는 부분에 선행하고 부분의 상호 관계에 의존하는 동시에 부분을 통제한다고 본다.

대해 거의 관심이 없다는 것을 알게 되었습니다. 그러나 저희가 보는 역사 문서에는 '평화의 인사'에 대한 내용이 있었습니다. '평화의 교회'로 알려진 메노나이트의 한 사람으로서 아내는 초대교회를 연구하기 시작했고, 그곳에서 늘 연구하던 학자들이 보지 못했던 것들을 보게 되었습니다. '평화의 인사'는 아내 엘리노어가 매우 주의 깊게 보는 주제가 되었습니다. 아내는 '세족식'에 대해서도 같은 관심을 보였습니다.

Q₃
앞에서 말씀하신 예배, 전도, 윤리 등의 모든 측면에서 초대교회를 현대교회의 모델로 보아야 하는지요?

A

이 질문과 관련한 저의 고민은 현대교회를 어떻게 정의할 것인가입니다. 오늘날 다양한 지역에 다양한 종류의 교회가 존재하는 것이 현실입니다. 저는 초대교회가 '유일한' 모델이라는 생각에서 벗어나고 싶습니다. 저는 여러분의 교회가 초대교회로부터 매우 깊은 영향을 받기를 바랍니다. 동시에 여러분의 교회가 초대교회와 다르기를 바랍니다. 초대교회와 현대교회 사이에 있는 시간적 격차와 종교개혁의 역사 때문입니다. 여러분은 여러분의 교회를 독특하게 만드는 모든 것을 알고 있습니다. 저는 초대교회가 여러분을 도전하게 되기를 바랍니다.

우리가 초대교회를 모델로 삼아야 할까요? 저는 그렇다고 말할 수 있습니다. 그러나 동시에 초대교회가 유일한 모델은 아니라고 말하고 싶습니다. 저는 우리가 모두 그리스도의 몸으로 부름을 받았다고 생각합니다. 그 말은 우리 모두 현재 세계의 여러 곳에 있는 그리스도인들과의 관계로 부름을 받았다는 것이고, 또한 시간을 거슬러서 세계의 많은 곳에 있었던 그리스도인들과의 관계로 부름을 받았다는 의미입니다. 저는 지금 우리가 서부 아프리카, 남미 그리고 아시아의 그리스도인들과 관계를 맺고 있듯이, 우리가 모두 초대교회 그리스도인들과의 관계 가운데 있기를 바랍니다.

저는 개혁주의 그리스도인들이 서아프리카 그리스도인들과의 관계를 어디에서 찾는지 모릅니다. 그러나 저는 저희 메노나이트들이 아프리카로부터 영감을 얻는 장소를 알고 있습니다. 저는 저희 메노나이트들이 한국 그리스도인들로부터 영감을 얻기를 바랍니다. 저는 여러분의 이야기를 듣고 싶고, 한국 그리스도인들과 기도하고 싶습니다. 우리가 함께하면 매우 많은 것을 배우게 됩니다. 초대교회만을 따라야 하는 것은 아닙니다. 초대교회를 유일한 모델이라고 주장하는 견해는 초대교회의 '교부 근본주의'로 불리곤 합니다. 그것은 우리가 원하는 방식이 아닙니다. 초대교회에 얽매이고 싶지 않습니다. 우리는 초대교회가 우리를 생명으로 인도하며, 가능성을 보여주고, 간증을 들려주기를 바랍니다. 즉, 그분들이 그리스도 안에서의 삶을 들려주면서 우리에게 이렇게 질문해 주기를 바랍니다. "여러분에게 그리스도 안에서의 삶이란 무엇입니까? 우리로부터 무엇을 배울 수 있었나요?"

학자인 허버트 버터필드(Herbert Butterfield)는 "우리가 초대교회로부터 얻을 수 있는 것은 우리의 상황에 적절한 단서들입니다"라고 말했습니다. 이 단서들은 온전한 답이 아니라, 우리의 질문으로부터 나오게 될 답을 바라

보게 하는 이정표들입니다. 이것은 일종의 추리를 가능하게 하는 이미지입니다. 캔터베리(Canterbury) 주교인 롤랜드 윌리암즈(Roland Williams)는 다른 지역에서 다른 시기의 다른 그리스도인들이 선물 교환을 제안하는 목소리를 들어야 그들이 우리에게 선물을 주고 우리가 그들에게 선물을 주게 될 것이라고 말했습니다. 그 결과로 교회는 서로 대화하게 됩니다. 우리가 과거에 묻고 과거가 우리에게 질문하는 이런 통시적 대화(diachronic conversation)는 매우 중요합니다. 이는 건강한 교회에 필수 불가결한 것입니다. 우리는 서로의 구성원이고, 서로에게 속해 있으며, 서로가 필요합니다. 우리는 초대교회를 현대교회의 모델로 삼아야 할까요? 그렇습니다. 하지만 유일한 모델은 아닙니다. 우리는 초대교회 그리스도인들로부터 간증과 지혜를 얻지만, 그 간증과 지혜가 성경적 권위를 가진 것은 아니기 때문입니다.

Q 4
교수님께서는 초대교회를 연구하시면서 왜 제자도, 영성 또는 선교라는 주제보다 성장에 초점을 두셨나요?

A

저도 그 점에 대해 꽤 생각해 보았습니다. 전문가들이 초대교회로 관심을 돌리면서 초대교회를 주제로 한 책들이 많이 나왔습니다. 예를 들면, 영성에 관한 글을 보고 싶은 사람들은 초대교회에 관심을 두게 되고, 특히 사막 교부들에게 관심을 돌립니다. 혹은, 제가 그러했듯이 그 당시 그리스도인들이 사회적 태도, 폭력 그리고 전쟁에 대해 어떻게 말했는지를 알아보고자 초대교회를 연구하기도 합니다. 하지만 초대교회의 성장과 같은 좀 더 큰 그림에 대해 생각해 본 사람은 많지 않습니다. 1970년 이후로 초대교회와 전도에 관해 영어로 쓰인 책은 없었습니다. 그래서 전도나 성장에 대한 학문적 연구를 진행해야 할 필요가 있었고, 저는 그 일에 마음이 끌렸습니다.

마침 이 주제를 연구하기 시작할 때 저희 부부는 영국에서 살고 있었습니다. 당시 그리스도인들은 교회 교인 수가 줄어드는 현상을 우려하고 있었습니다. 성장과 쇠퇴에 관한 질문들이 그리스도인들에게 매우 중요해졌습니다. 제가 영국에서 만난 많은 사람은 성도 수를 교회를 향한 하나님의 복으로 간주했습니다. 하지만 때로 교회가 신자들을 잃어버릴 수 있습니다. 오히려 교회 규모가 작아지는 것이 하나님의 복일 수도 있습니다. 그러나 영국에 있는 저희 주변 사람들은 그렇게 생각하지 않았습니다. 이런 이유로 성도 수와 하나님이 주시는 복 사이의 연관성을 알아보는 데 관심을 두게 되었습니다.

제가 '성장'에 초점을 두게 된 또 다른 이유는 단순합니다. 교회가 급속도로 성장하던 시기에 나타난 교회 역사 속의 현상에 매료되었기 때문입니다.

Q₅

초대교회를 예전적 관점이나, 사회적 관점 또는 신학적 관점에서 보지 않고 역사적 관점에서 보는 것은 어떤 점에서 유익한가요?

A

아주 흥미로운 질문입니다. 처음에는 그 모든 관점이 중요하다는 사실이 당연하게 여겨졌습니다. 그러나 조금 더 생각해 보니 역사적 관점의 연구가 가장 중요하며, 가장 폭넓은 관점을 제시한다는 확신을 하게 되었습니다.

여러 책이 모여서 성경을 이룹니다. 성경은 창세기부터 계시록까지, 창조로 시작해서 재창조를 향해 나아가는 거대 담론(meta-narrative)입니다. 그러므로 성경은 하나님 나라에 구원을 가져오는 하나님의 거대한 이야기입니다. 성경은 여러 클라이맥스와 성육신, 십자가, 부활 그리고 성령의 부어주심이 담긴 아주 거대한 이야기입니다. 그 긴 이야기의 틀 속에 많은 작은 이야기들이 들어있습니다. 우리에게도 삶과 교회 공동체 안에서 나누는 작은 이야기들이 있습니다. 그리고 우리가 큰 이야기와 작은 이야기들 모두를 말하는 일은 매우 중요합니다.

우리 그리스도인들은 삶과 교회 생활 속에서 하나님 나라와 의를 구하면서 우리의 작은 이야기들과 함께 큰 이야기를 들려줄 책임이 있습니다. 엘리노어와 저는 2009년에 출판한 "크리스텐덤 이후 예배와 선교"(Worship and Mission after Christendom)라는 책에서 이에 관해 썼습니다. 성경에는 사회에 관한 내용이 있지만, 성경은 사회적 저작물이 아니라 역사적 저작물입니다. 하나님께서는 분명히 정치적인 어떤 일을 벌이고 계십니다. 그러시면서 하나님께서는 인류의 역사 속에 새로운 가능성과 치료 그리고 희망을 주고 계십니다. 이렇게 일하시는 하나님을 보는 데에 중요한 관점을 갖게 하는 역사가 제게 아주 흥미롭습니다. 결국, 저는 역사학자입니다. (제 말이 너무 지나친 표현이 아니기를 바랍니다.)

제가 런던에서 처음 쓴 책은 성경적 메타내러티브인 '거룩함을 향한 여정(Journey towards Holiness)'입니다. 저는 이 책에서 열기구를 타고 아래를 내려다보며 여행하듯, 하나님이 하나님의 백성과 함께 일하시는 모습을 수 세기에 걸쳐 보고자 했습니다. 풍선이 더 높이 올라갈수록 하나님의 목적에 대한 더 넓은 시각을 갖게 되고, 풍선이 땅으로 내려올수록 개개인의 이야기에 초점을 맞추게 됩니다. 성경은 역사 가운데 하나님의 목적에 대한 거시적 관점과 하나님의 백성이 그분의 목적을 이해하고 따르려는 몸부림 사이의 지속적 상호작용입니다.

역사적 관점으로 하는 연구는 시간에 따라 움직이는 삶을 관찰하는 것입니다. 초대교회를 연구하는 학자들은 일반적으로 4세기 초를 중심으로, 콘스탄틴 황제 이전의 교회와 이후의 교회로 나누어 연구합니다. 그래서 콘스탄틴 이전 시대의 전문가와 이후 시대의 전문가가 생겨났습니다. 그 결과 콘스탄틴 이전 시대, 집권기, 그리고 콘스탄틴 이후 시대 모두를 아우르는 4세기 전체의 기간에 어떤 변화가 일어났는지를 볼 수 없었습니다. 이렇게 나누어진 기간들을 어떻게 연결해 볼 것인가는 여전히 남아 있는 문제입니다. 이것은 교회의 이익과 제국의 이익이 한데 녹아서 만들어진 크리스텐덤의 형성과 관련이 있습니다. 저는 4세기로부터 5세기로의 변화 과정을 논의하면서 당시에 있었던 긴장들을 알게 되었습니다.

저는 제 책 "초기 교회와 인내의 발효"(Patient Ferment: The Impro-bable Growth of the Early Church)에 콘스탄틴 황제와 성 어거스틴에 대한 연구를 넣어야 할지 확신이 없었습니다. 어쩌면 책의 마지막 장들이 책 전체의 논점을 흐리게 했는지도 모릅니다. 그러나 그 장들을 포함하지 않았다면 아마도 제가 찾아낸 내용을 결코 쓰지 못했을 겁니다. 더 전통적인 책이라면 9장과 10장 전에 마무리했을 겁니다. 저는 수 세기에 걸쳐서 인내에 어떤 일들이 일어났는가를 이야기함으로써, 인내를 더욱더 긴 궤적에서 다루었습니다.

Q 6
교수님의 멘토는 누구시고, 학문적 연구에 영향을 끼친 분은 어떤 분이신가요?

A
먼저, 고센 대학(Goshen College)의 존 오이어(John Oyer) 박사님이 제게 아주 큰 영향을 주었습니다. 오이어 박사님은 주님께 온전히 헌신한 그리스도인이었고, 매우 신중한 역사학자이자 훌륭한 장인(craftsman)이었습니다. 저는 박사님의 그러한 모습을 보며 감탄했습니다. 그래서 저의 책 "회심의 변질"(The Change of Conversion and the Origin of Christendom,

2006)을 멘토이며 롤모델이자 친구로 기억하는 오이어 박사님께 헌정하였습니다. 박사님은 초대교회에 대해 그리 많이 알고 계시지는 않았습니다. 하지만 역사에 관해 해박하셨고 하나님에 대한 남다른 이해가 있으셨습니다. 그분은 역사학자의 역할에 대해 알고 계셨으며 저도 그분 같은 역사학자가 되고 싶었습니다.

저의 두 번째 멘토는 "예수의 정치학"(The Politics of Jesus)을 저술한 존 하워드 요더(John Howard Yoder)입니다. 요더 박사님은 20세기 가장 위대한 메노나이트 학자이자 놀라운 지적 재능을 가진 분입니다. 저는 요더 박사님과 함께 연구한 적은 없었지만, 그분을 알고 있었습니다. 박사님은 제가 엘크하트(Elkhart)에 있는 메노나이트 신학대학원으로 가기 전에 그곳에서 가르치셨습니다. 비록 바셀 대학교(University of Basel)에서 교회사 연구로 박사학위를 받으셨지만 사실 그분은 역사학자라기보다는 조직 신학자였습니다. 요더 박사님은 아주 큰 신학적 문제들과 역사적 문제들을 연구했는데, 그분의 생각들이 저에게 아주 큰 영향을 끼쳤습니다. 저는 요더 박사님이 갖고 있던 4세기에 일어난 일에 대한 비판적인 태도와 콘스탄틴 황제에 대한 부정적인 생각을 열린 마음으로 받아들이기는 했지만, 저 스스로 역사 문헌들을 통해 사실 여부를 확인해 보고 싶었습니다. 저는 논란의 여지에 좌지우지되기보다는 아주 신중한 학자가 되어 문헌들을 통해 발견된 증거를 가지고 이야기하는 사람이 되고 싶었습니다. 4세기에 관한 요더 박사님의 역사적 관점에 영향을 받는 동시에 저 자신의 역사적 연구를 하고 싶었던 것입니다.

영국 종교개혁을 연구하던 제가 학문적 배경이 없는 로마제국의 초대교회를 연구하게 되었기에 대부분 독학을 해야 했습니다. 그러던 중 몇 분의 도움을 받게 되었는데, 먼저 예일 대학(Yale University)의 램지 맥멀렌(Ramsay Macmullen) 교수님을 이야기하고 싶습니다. 맥멀렌 박사님은 탁월한 고대 종교 전문가로서 그분의 지식은 놀랍습니다. 맥멀렌 박사님은 콘스탄틴 황제를 좋아하지 않게 보시며, 무신론자이며, 기독교에 대해 대체로 매우 비판적입니다. 그런데도 친구가 되어 저를 도와주었습니다. 지난 수년간 우리는 서로의 저술을 읽으며 의견을 나누어 왔습니다.

저에게 영향을 준 또 다른 한 분은 성공회 목회자인 폴 브래드쇼(Paul Bradshaw) 교수님입니다. 노트르담 대학교(Notre Dame University)에서 학생들을 가르치며 연구하던 브래드쇼 교수님은 저에게 초대교회 그리스도인의 예배학 분야를 열어 주었습니다. 교수님은 제게 아주 많은 것을 주었습니다.

그다음에 하버드 대학교(Harvard University)에서 초대교회 그리스도교 신학자 연구로 박사학위를 받은 에버릿 퍼거슨(Everett Ferguson) 교수님이 계십니다. 매우 보수적인 개신교 교단인 그리스도의 교회(Church of Christ) 출신인 퍼거슨 교수님은 평생을 텍사스의 그리스도의 교회 신학교(Church of Christ College and Seminary)에서 가르쳤고, 북미 초대교회 신학자 협회(North American Patristic Society) 회장을 역임하기도 했습니다. 퍼거슨 교수님이 초대교회 교부들의 이야기를 인용하면서 의견을 덧붙인 책들은 아주 유용합니다. 교수님은 성직자이며, 교회를 사랑하는 복음주의자입니다. 새로운 이론을 찾기 위해 여기저기를 기웃거리지 않고 보수적인 입장을 지키는 아주 철저하고 신중한 학자입니다.

학자로서 제 인생에 가장 중대한 일 하나가 1996년에 일어났습니다. 저와 아내 엘리노어가 옥스퍼드 대학에 있는 동안 파리에서 콘퍼런스를 주최하는 특권을 누렸습니다. 제가 무척 존경하던 전 세계의 초대교회 학자들을 초청하였습니다. 이 콘퍼런스에서 발표된 논문 모음집에 제가 쓴 긴 서문을 덧붙여 출판한 책이 "서구 크리스텐덤의 기원"(The Origins of Christendom in the West, 2001)입니다. 역사학자로서 저에게 가장 행복한 순간이었습니다. 그토록 자극을 주는 대화에 참여하게 되었다는 사실이 정말 기뻤습니다.

Q 7
초대교회의 제자도, 예배 그리고 선교 등의 사역은 오늘날 우리와 어떤 연관성이 있을까요?

A

여러분은 어떻게 제자가 되나요? 제자는 훈련을 통해서 됩니다. 따라서 세례를 위한 준비, 세례를 위한 훈련 과정 등이 모두 제자 훈련의 한 부분이며, 예수 그리스도의 삶을 배우고 가르치는 것 또한 제자 훈련의 일부입니다. 하나님의 생생한 임재를 강조하는 예배, 일하시는 하나님을 보고자 애쓰는 기도가 있는 예배, 성찬이 중심이 되는 예배, 이러한 예배는 제자들에게 가장 중요한 훈련의 장입니다. 흥미롭게도 설교는 예배의 중심이 아닙니다.

또한 선교로 인해 제자도와 예배가 완전해지는데, 선교는 우리의 계획을 따르는 선교가 아니라 하나님이 일하시는 선교, 즉 하나님의 선교를 뜻합니다. 초대교회 그리스도인들은 선교에 관한 글을 쓰지 않았습니다. 그들의 삶 전부가 선교와 관련된 것이었기에 그럴 필요가 없었습니다. 선교는 그들이 존재하는 곳으로부터 모든 것을 통해 흘러나갔습니다. 그들에게는 서로 다른 문화를 연구해서 가르치는 학교가 없었습니다. 하지만 그들의 삶은 마음에서 우러나와 팽창하였습니다. 계획한 것이 아니었습니다.

초대교회 그리스도인의 삶은 우리와 어떤 연관성이 있을까요? 저는 그분들의 삶 전체가 우리와 연관되어 있다고 생각합니다. 삶에 대해 어떤 계획도 하지 말아야 한다는 것이 아닙니다. 그러나 우리 자신이 얼마나 지나치게 많은 계획을 세우는지, 혹은 얼마나 지나치게 많은 계산을 하는지, 또는 우리가 예배 없는 선교를 이루려고 얼마나 노력하는지 물어봐야 한다는 것입니다. 우리가 초대교회 그리스도인들에 관해 알아볼 때, 전문적으로 세분된 연구에서 벗어나 총체적이고 통합적인 연구로 옮겨 가야 할 필요가 있습니다. 제자 훈련, 예배 그리고 선교는 모두 서로 연결되어 있습니다.

interview #2

- 초대교회 그리스도인은 어떻게 교회 밖의 사람들이 궁금해하는 삶을 살았나요?
- 앞으로 그리스도교는 계속 성장할 수 있을까요?
- 초대교회의 선교는 어떻게 이루어졌나요?
- 초대교회 예배는 우리와 어떤 점에서 다른가요?
- 그래도 설교는 예배에서 중요하지 않나요?

교수님은 초대교회 그리스도인들의 삶은 설명(Apology)을 불러 일으킨다고 말씀하셨습니다. 그 말씀은 무슨 뜻인지요?

A

영어로 apology는 미안함을 뜻하기도 하지만 다른 한편으로는 믿음이나 행동에 대한 논리적인 설명을 뜻하기도 합니다. 초대교회 그리스도인들의 삶이 apology를 부른다는 말은, 초대교회 그리스도인들의 삶이 사람들에게 "여러분이 이런저런 일을 하는 이유는 무엇인가요?"라고 질문하게 만든다는 뜻입니다. 초대교회 그리스도인들은 자신들의 삶에 대해, 또한 자신들의 삶이 다른 사람들의 삶과 다른 이유와 방식에 대해 외부 사람이 어떻게 말할지를 궁금해했습니다. 오늘날 사람들은 그리스도인들을 보고 흔히 이렇게 말하곤 합니다. "아, 그리스도인들이 저기 지나가고 있네. 저 사람들은 이렇게 말하고는 저렇게 행동하는 위선자 집단일 뿐이야." 하지만 초대교회 시대에는 그리스도인들의 신앙을 매우 진지하게 보는 외부 시각이 있었습니다. 성도들의 삶이 눈에 띄게 흥미로웠기 때문이죠. 그래서 오늘날 저도 그 당시와 같은 질문을 하는 것입니다. 무엇이 초대교회 그리스도인들의 믿음을 그토록 진지하게 받아들이게 했을까요? 마찬가지로 오늘날 우리가 살아가고 있는 모습 속에 무신론자들이나 신앙에 확신이 없는 사람들이 우리의 신앙을 진지하게 보게 하는 어떤 것이 있을까요? 오늘날 그리스도인들은 어떻게 인식되고 있나요? 우리는 관대하거나 친절한 사람, 혹은 용서하는 사람으로 세상에 알려져 있나요?

뉴욕 타임즈의 일면에 펜실베이니아(Pennsylvania)의 닉클 마인즈(Nickel Mines) 지역에 있는 아미시 공동체(Amish community)에 대한 기사가 6~7일간 연속해서 실린 적이 있습니다. 그 기사는 그 지역에 있는 학교에 난입해서 어린 학생들을 죽인 사람을 용서한 마을 사람에 관한 내용이었습니다.

Q 9
이 책 "아미시 은혜"(Amish grace)에 쓰인 사건을 말씀하시는 것인가요?

A

아미시 은혜. 이것은 세상의 언론이 이해하기 어려운 것이었습니다. 그것은 아미시 사람들이 입으로 말하는 것이 아니라 그들의 행동과 삶으로 말하는 은혜였습니다. 사람들은 도대체 무슨 일이 일어나고 있는지 알고 싶어 했습니다. 몇 년 전 성공회 신학회보(Anglican Theological Review)에 아미시 은혜에 대한 글을 기고했습니다. 일부를 읽어 보겠습니다. "오늘날 많은 사회에서 우리 그리스도인들은 멋들어지게 말하는 세속주의자, 무신론자, 변증가들의 메시지를 그들이 쓴 논증만이 아니라 버스 광고를 통해서도 접하게 됩니다. 이에 대한 반응으로 무신론자들의 논증을 공격하는 그리스도인 변증가들의 글이 쏟아져 나왔습니다. 성공회 신학자인 알리스터 맥그라스(Alister McGrath)는 그의 책 "왜 하나님께서는 떠나가지 않으시는가"(Why God Won't Go Away)에서 우리의 미래가 존재할 방법에 관해 이야기합니다. 무신론자들이 종교는 본질적으로 폭력적이라는 말이 사실인 것처럼 언급하는 점에 맥그라스는 주목합니다. 이러한 주장에 대해 맥그라스는 2006년 펜실베이니아의 아미시 마을에서 일어났던 사건으로 대응합니다. 이웃 마을에 사는 사람이 아미시 마을의 학교에 들어와 어린 여학생 다섯 명을 총살하고 자신도 자살한 사건이지요. 아미시 사람들은 복수할 방법을 찾는 대신 반사적으로, 즉각적으로, 사전 제안을 하지 않고, 살인자와 그 가족을 용서했습니다.

아미시 사람들의 행동은 많은 나라에서 언론의 엄청난 주목을 받았습니다. 맥그라스는 아미시의 행동이 교회의 윤리를 기독교 창시자의 수준으로 끌어올릴 것을 교회에 요구한다고 보았습니다. 더 나아가서 맥그라스는 아미시의 행동은 종교가 본질적으로 폭력적이라는 새로운 무신론자들의 주장이 틀렸음을 입증한다고 강조했습니다. 맥그라스가 이런 말을 한 것에 대해 고맙게 생각합니다. 그러나 만일 맥그라스가 초기 그리스도교 변증가였던 순교자 저스틴이 했던 일을 할 수 있었다면 어땠을까요? 만일 맥그라스가 아미시, 오순절 교인, 침례교인, 로마 가톨릭 신자들의 이야기와 더불어 성공회 신자들의 이야기를 통해 하나님이 그리스도인들을 용서하시면서 그리스도인들도 사람들을 용서하도록 만드셨음을 보여 주었다면 어땠을까요? 만일 오늘날의 그리스도인들이 맥그라스에게 아미시 사람들에 대한 3줄의 구체적인 논증의 기회를 주는 것에서 그치지 않고, 많은 그리스도인의 전통에서 끌어낸 33문장이나 33페이지에 달하는 논증의 기회를 주었다면 어떠했을까요? 만일 오늘날의 교회들이 생명을 주며 예수님처럼 반문화적으로 행동하는 이야기를 모아 세상에 알리는 공동체였다면 어떠했을까요? 만일 우리가 제시하는 변증이 말이 아닌 행동에 뿌리내린 믿음의 이야기들이었다면 어떠했을까요?

Q 10

초대교회 그리스도인들은 어떻게 교회 밖의 사람들이 궁금해 하는 삶을 살았나요? 어떤 반문화적인 행동들을 실천했나요?

A

초대교회 그리스도인들의 글에서 반복적으로 나타나는 말이 자유입니다. 1, 2, 3세기의 사회는 자유에 매우 민감했습니다.

순교자 저스틴은 자신의 주변에 있는 많은 사람이 얽매인 삶을 살았지만, 그리스도인들은 자유로웠다고 기록하고 있습니다. 당시 그리스도인들은 사탄의 통제에서, 성 중독에서, 물질주의와 쇼핑 중독에서, 그리고 적에 대한 증오와 살인으로부터 자유로웠습니다.

만일 그리스도인들이 이 네가지 영역에서 자유롭다는 것을 세상 사람들이 알았다면 그들은 그리스도인의 삶을 관찰하며 그것이 어떻게 가능한지 물었을 것입니다. 그러면서 그리스도인들에게 마음이 끌리기도 하고 그렇지 않기도 했을 것입니다. 그런데 자유는 초대교회 기독교 신앙의 근본이었습니다. 초대교회 그리스도인들은 그리스도의 가르침에 따라 살면 교회 밖의 사람들에게 흥미롭게 보이고, 반대로 그리스도의 가르침에 따라 살지 않으면 자신들이 교회 밖의 사람들에게 지루하고 뻔하게 보일 것이라고 믿었습니다. 그리스도인들은 달라지기 위해서가 아니라 예수님의 삶을 살기 위해서 다르게 살아야 합니다. 저는 이제 여러분의 질문에 이렇게 답하겠습니다. 이방인들에게 초대교회 그리스도인들의 자유는 매력적으로 보였습니다. 그리고 그 자유는 그리스도의 가르침과 삶에 뿌리를 내린 것으로서 산상 수훈과 복음서의 여러 곳에 나타납니다.

Q 11

그리스도교가 합법화된 후에 예비 신자들을 훈련하는 다른 방법이 있었다고 봅니다. 그리스도교의 합법화는 새로운 국가 종교를 탐구하고자 많은 사람이 교회로 몰려오는 상황을 초래했습니다. 초대교회 지도자들은 폭발적인 성장에 어떻게 반응했나요? 그리고 당시 교회 지도자들의 반응이 달라야 했다거나 다를 수 있었다고 보시나요?

A

저는 콘스탄틴 황제가 그리스도교를 합법화한 직후에 그리스도교 인구가 급성장했다고 생각하지는 않습니다. 황제가 예배를 강요하지는 않았으니까요. 콘스탄틴은 그때까지 그리스도교를 거부하던 사회에 그리스도교로 향하는 길을 열어주었습니다. 주로 상류층 남자들에게 해당하는 이야기였지요. 상류층 남자들이 마지막으로 합류한 사람들이었습니다. 오늘날 나라를 다스리는 사람들을 생각해 보세요. 그들은 마치 초대교회 시대에 가장 마지막으로 그리스도인이 되고자 하는 사람들과 비슷합니다. 암브로시우스(Ambrose)나 어거스틴(Augustine)은 사회의 한 부분을 대표하는 사람들입니다. 그분들은 황제가 그리스도교인이 되자 자신도 그리스도교에 동참하는 것이 옳다고 여겼습니다.

저는 교회 지도자들이 이미 교회 안에서 지켜오던 규범을 이어갔어야 한다고 봅니다. 콘스탄틴 황제에게도 그것을 적용해야 했습니다. 교회 지도자들은 황제에게 세례를 위한 준비 교육을 시도하기는 했습니다. 교회 지도자들은 생각이 변하고 믿음을 입술로 고백하는 것만이 아니라 삶이 변해야 함을 계속 가르쳐야 했습니다. 하지만 그리스도교 지도자들은 점차 그 진리와의 연결고리를 잃어버린 것 같습니다. 믿음은 믿음을 가진 자가 보여주는 삶의 모습과 무관해져 갔습니다. 상류층 로마인들이 교회 지도자가 되었고 그들은 부와 폭력, 그리고 계층에 대해 이전의 그리스도인들과 다른 태도를 보였습니다. 상류층 남성들이 교회로 들어오면서 교회를 변질시킨 것입니다. 그들은 자신의 권력과 특권 의식을 교회 리더십에 적용했습니다. 예를 들면, 주교들이 제국의 권력을 상징하는 보라색 옷을 입기 시작했습니다. 황제는 주교들을 호화찬란한 만찬에 초대했습니다. 세례 인도자의 중요한 역할은 사라졌고 세례 준비 교육에서는 아리안 신학(아리우스 교리)을 멀리하라는 식의 사상을 가르쳐야만 했습니다. 더는 예수님의 가르침을 따르는 삶을 가르칠 필요가 없어진 것이죠. 예수님의 가르침과 일관된 행위를 강조하지 않고 올바른 믿음을 점검하는 것만으로 세례 준비 교육이 이루어졌습니다. 이는 매우 실망스러운 일이며 이때부터 그리스도교 안에 문제가 생기기 시작했다고 봅니다.

Q 12

콘스탄틴 이후에 엄청나게 많은 사람이 그리스도교인이 되지는 않았군요?

A

맞습니다. 모든 사람이 교회에 들어오려고 줄 서서 기다렸던 것은 아니니까요. 그래도 교인 수는 증가했고 특히 권력을 가진 남자들이 많아졌습니다.

Q 13

권력을 가진 남자들이 많아졌군요! 그러면 교회 지도자들이 함께 모여 이런 새로운 상황에 대해 의논한 사례를 역사 문헌 속에서 보신 적이 있습니까?

A

아니요, 보지 못했습니다. 상류층 사람들을 너무 빠르게 교회 직분자로 수용한 것에 대해 논의한 경우는 있습니다. 누구든지 돈과 명성, 그리고 충성이 있으면 교회 직분에서 높은 자리로 올라가는 길이 너무 빠르게 열렸습니다. 그러나 제가 말씀드린 대로 교회 지도자들이 새로운 상황에 대해 논의한 예는 보지 못했습니다.

Q 14

(교회 지도자들이 함께 모여 새로운 상황에 대해 의논하지 않은 것이) 당시 교회가 가정 교회로 이루어졌기 때문이라고 생각하시나요? 제대로 조직화를 하지 않았기에 교회 지도자들을 소집해서 콘스탄틴 시대나 직후에 이러한 변화를 의논할 만한 제도적 장치가 없었던 것은 아닐까요?

A

좋은 지적입니다. 그럴 수도 있습니다. 교회 지도자들은 때때로 총회(시노드, Synod)를 소집해 교회의 문제들을 해결하곤 했습니다. 제가 앞에서 언급한, 교회법의 테두리 안에서 권력 있는 사람의 빠른 직분 상승을 의논한 모임도 325년 니케아에서 열린 총회였습니다. 교회 지도자들이 회의하면서 무슨 이야기를 나누었는지 더 알 수 있었으면 좋겠습니다. 어쩌면 당시 교회 지도자들이 더는 박해받지 않는 것이 정말 감사해서 자발적으로 교회의 기준을 조금 낮추자고 말했을 가능성도 있다고 봅니다.

Q 15

그럴 수도 있었겠군요. 초대교회 그리스도인들이 더는 처형당할 두려움을 갖지 않게 되었으니 크게 안도했을 것으로 생각합니다. 그 점이 중요하지 않았을까요?

A

콘스탄틴은 이전의 황제들처럼 그리스도인들을 많이 죽이지는 않았습니다. 콘스탄틴은 얼굴에 낙인을 찍는 일을 금지하였고 형벌이었던 십자가 처형을 폐지했습니다.

Q 16

당시 교회 지도자들에게 교회 상황의 변화가 위협적으로 보이지 않았을지 모릅니다. 아마도 그 변화를 안전과 평화로 여기고 교회에 대한 도전으로 보지 않았던 것 같습니다. 반면에 그것은 여러 면에서 교회에 기회였을 것입니다.

A

네, 그렇습니다. 황제가 그것을 기회로 보았던 것처럼 교회에도 기회였습니다. 교회가 전체 사회의 교회가 되는 기회였고, 교회를 통해 전체 사회가 하나가 되는 기회였습니다. 황제는 왕국을 통일하는 데 관심이 있었습니다.

제가 연구한 바로는 교회가 약해진 모습의 예들이 많습니다. 예를 들면, 카이사레아의 바실레이오스(Basil of Caesarea)는 4세기 후반에 쓴 자신의 글에서 그리스도인들은 이전의 그리스도인들과는 달리 예수님의 말씀에 더는 관심을 두지 않게 되었다고 관찰하고 있습니다. 바실레이오스는 교회의 가르침에서 예수님의 말씀이 점점 시들어갔다고 합니다. 그러한 예가 많이 있습니다.

Q 17

앞으로 그리스도교의 미래는 어떤 식으로 전개될까요? 그리스도교가 후기 크리스텐덤 속에서도 성장할 것으로 보시나요?

A

저는 이 질문이 참 좋습니다. 제 생각에 다른 지역에 비해 교회가 훨씬 많이 성장하는 지역들은 있을 것 같습니다. 하지만 세속주의로 인해 그리스도인이 되기가 점점 힘들어진다고 생각합니다. 물질주의도 같은 영향을 미치겠죠. 그런데도 여전히 그리스도인이 생기는 곳이 존재합니다. 최근에 프랑스 상류층 사람들이 자기 부모들과는 다른 방식으로 교회에 가기 시작했다는 기사들을 보았습니다. 흥미로운 일이지요. 문제는 교회가 무슨 이야기를 하는가입니다. 젊은 세대가 교회에 간다는 것은 무슨 의미일까요? 젊은 사람이 교회에 가서 예수님을 따르고 있나요? 아니면 예수님께서 다시 성전에서 환전상들을 뒤엎고 계시는가요? 단지 교회에서 무언가 일어나고 있다고 해서 그것을 예수님에 관한 것으로 볼 수는 없습니다. 만일 그리스도교가 성장할 수 있느냐고 묻는다면 저는 그렇다고 대답하겠습니다. 그리스도교는 아주 다양한 모습으로 성장하고 있습니다. 아프리카와 더 넓은 세계 곳곳에서도 교회가 성장하고 있다고 말할 수 있습니다.

한편 이런 것도 생각해 볼 수 있습니다. 지금의 세속적인 세상에서 사는 사람들이 교회 건물에 가지 않고도 그리스도인이 되는 시대가 올 것입니다. 교회 건물에 가는 대신 가정집의 식탁에 둘러앉아 예배를 드리게 될 것입니다.

큰 교회가 아니라 가정집으로 가는 거죠. 둘러앉아서 함께 이야기도 하고 음식을 나누며 먹는 중에 예수님의 임재를 경험하는 겁니다. 그러면서 성경 공부도 함께 하고요.

저희 옆집에도 가정 교회가 있고, 우리 동네 전체에 가정 교회가 15개 정도 있습니다. 이미 우리가 알고 있던 메노나이트 교회나 개혁교회의 모습을 고려하면 훨씬 다양한 형태의 교회를 볼 수 있습니다. 이것은 매우 흥미롭고 좋은 현상이라 생각합니다.

Q 17-1

대학생선교회(CCC)의 설립자 빌 브라이트(Bill Bright)가 한 번은 이런 이야기를 했다고 합니다. 신약시대의 그리스도교가 가정교회로 시작되었던 것처럼, 마지막 때의 교회도 가정교회가 될 것이라고요. 바로 지금 여기 인디애나주뿐 아니라 박해가 심한 나라들에서 그런 일들이 일어나고 있는 것을 볼 수 있습니다.

Q 18

초대교회 때 보통의 그리스도인들은 어떠한 모습이었습니까? 오늘날 그리스도인들과 비교해서 설명해 주세요.

A

글쎄요, 초대교회 그리스도인들은 훨씬 더 진지했던 것 같습니다. 라틴어로 "Fidelis"는 신실한 사람이거나 삶이 변화된 사람을 뜻합니다. 세례 때 자신의 신앙을 간증하였고, 세례를 준비하는 과정은 매우 진지했습니다. 제가 좋아하는 초기 그리스도인의 말이 있습니다. "우리는 위대한 것들을 전하지 않는다. 오직 그것들을 살아낸다." 이것은 초대교회 그리스도인들이 하나님과 구세주 예수 그리스도에 대한 믿음과 성령님의 역사 속에서 눈길을 끄는, 매력적인, 다른 방식의 삶을 살았기에 할 수 있는 주장입니다.

Q 19

그분들은 선교에 대해 어떻게 생각했는지 궁금합니다. 밖으로의 확장이라고 생각했나요? 안으로 끌어당기는 것으로 생각했나요? 아니면 두 가지 모두를 선교로 생각했나요?

A

제가 알기로는 초대 그리스도인들은 선교에 대해 아무 말도 하지 않았습니다. 선교에 대한 글을 쓰지도, 선교나 선교 전략에 대해 논쟁을 하지도 않았습니다. 초대교회 그리스도인들은 선교에 관한 책을 쓰지 않았습니다. 인내에 관한 책이 세 권, 기도에 관한 책이 세 권 있지만, 선교나 전도에 관한 책은 없습니다. 아무리 큰 교회라고 해도 선교사나 사도로 부르는 사람이 한 명도 없었습니다. 선교는 그들이 하는 것이 아니라, 하나님 나라를 오게 하려고 하나님이 하시는 것으로 생각했습니다. 선교는 하나님이 하시는 일과 관련된 단어였습니다. 하나님의 선교(Missio Dei)!

초대교회 그리스도인들에게 선교를 안으로 끌어당기는 것으로 생각하는지 또는 밖으로의 확장으로 생각하는지에 묻는다면, 두 가지 모두 선교로 생각한다고 답하겠습니다. 그분들에게 선교는 라틴어로 보낸다는 뜻의 "missio"를 생각나게 했을 겁니다. 하나님이 보내시는 거지요. 하지만 그들에게는 선교사라고 부르는 사람이 없었습니다. 바울과 콘스탄틴 사이에 단 두 명의 선교사만 알려져 있을 뿐입니다. 거명할 수 있는 선교사가 단 두 명입니다! 이런 상황 가운데 교회가 성장했다는 사실은 참으로 놀라운 일입니다. 그들에게 선교단체나 교단 선교회 같은 조직은 없었지만 그런데도 교회는 성장했습니다.

여기에서 우리는 보다 깊은 질문을 해야 합니다. 오늘날 우리 그리스도인들이 하는 선교라 하는 것이 우리를 대신해서 다른 사람들이 무엇인가 하게 만들려는 시도, 즉 우리 대신 전문가들을 선교지로 가게 하려는 시도가 아닐까요? 우리는 우리가 사는 이곳에서 자연스럽게 하나님 나라의 삶을 살아내야 합니다. 우리가 만나는 사람들과 함께 하나님 나라의 삶을 나누면서 교회가 자연스럽게 성장하는 것을 지켜보아야 합니다. 저는 제 삶의 많은 부분을 지원해 준 선교회에 감사하지만, 선교회 자체에 대한 질문은 여전히 갖고 있습니다. 우리에게 필요한 일은 더욱 선교적으로 되는 것으로 생각하지 않습니다. 어쩌면 우리에게 필요한 일은 예수님을 더욱더 닮는 것일지도 모릅니다.

Q 20

그러면 초대교회 그리스도인은 모든 족속을 제자로 삼으라는 예수님의 가르침을 어떻게 이해했다고 생각하시는지요?

A

제가 알기로 초대 그리스도인들은 마태복음 28장을 거의 이야기하지 않았습니다. 그들은 마태복음의 마지막 부분에 나오는 예수님의 지상명령을 열두 제자에게 주신 것이라고 믿었으니까요. 예수님의 제자들이 사람들을 향해 가서 몸소 실천했으니 이 명령의 과업은 완수되었다고 생각했습니다. 그래서 더는 이 말씀에 관해 이야기하지 않게 된 것이죠. 대신에 이 말씀은 삼위일체를 증명하는 구절로 사용되었습니다. 세례를 베풀 때 "아버지와 아들과 성령의 이름으로" 하라고 말씀하고 있기 때문입니다.

Q 21

그렇다면 그 구절은 선교에 관한 본문이 아니었나요?

A

그렇습니다! 그 구절은 보냄을 위해 사용된 본문이 아니었습니다. YWAM과 같은 선교단체를 생각해 봅시다. 그들의 강조점은 보내는 것과 가는 것에 있지만, 초대교회 그리스도인들은 이 본문을 그렇게 생각하지 않았습니다. YWAM이 맞고 초대 그리스도인들이 틀렸던 것인지도 모릅니다. 아니면 YWAM이 초대 그리스도인들에게는 맞지 않았지만, 우리 시대에는 맞는 것일 수도 있고요. 우리에게 선교회가 필요하다고 생각할 수 있습니다. 하지만 초대교회 때는 하나님께서 세상을 향해 복음을 보내 주신다고 이해했습니다. 그 일을 조직화하는 일은 신자들의 몫이 아니었습니다. 하나님께서는 여종 하나를 다른 나라의 어느 가정에 보내셔서 복음을 전하실지도 모릅니다. 그녀가 타국의 주인집에 살면서 자기 방에서 찬송하면 가족 중 누군가가 그 노래를 들으며 좋아하게 되고 궁금해합니다. 이런 식으로 교회가 생기는 것이지요. 그리고 교회들은 서로 연결됩니다. 다른 도시의 교회와 관계를 맺게 됩니다. 여기에는 철저하게 유기적인 면이 있습니다. 안디옥에 선교 본부가 있다거나 그런 것이 아니라 성령께서 하시는 일이지요. 하나님의 선교! 참으로 체제전복적입니다. 저는 지금도 우리 선교회를 후원하고 있습니다만 선교에 대해 깊은 질문을 던지는 일은 가치가 있다고 생각합니다.

Q 22

말씀을 들어보니 초대교회는 예배와 제자도 그리고 선교가 매끄럽게 통합된 것 같습니다. 초대교회 그리스도인들은 어떻게 그렇게 총체적이고 유기적으로 살아낼 수 있었나요?

A

만일 이 질문을 초대 그리스도인들에게 던졌다면 어리둥절했을 겁니다. 왜냐하면 그들에게는 그것이 문제가 되지 않았고, 아주 자연스러운 일이었으니까요. 예수님을 진지하게 따르다 보면 예배와 제자도와 선교가 자연스럽게 이루어집니다. 여러분이 예배를 드리지 않으면 할 수 없습니다. 다른 사람의 삶에 의해 생기를 되찾지 않으면 불가능합니다. 이러한 삶을 살며 여러분과 함께하는 성도는 하나님을 예배할 것입니다.

Q 23

초대교회 그리스도인들은 자신들의 믿음을 어떻게 실천했기에 모든 것이 그렇게 하나로 합쳐졌을까요? 지금의 우리는 오렌지를 가지고 한 컵에는 주스를 짜내어 담고 다른 컵에는 오렌지 찌꺼기를 담는 것처럼 느껴집니다. 그러고도 우리는 그것을 여전히 오렌지라고 부르고 있습니다.

A

이 질문은 참으로 흥미롭네요. 예를 들어, 아주 평범한 그룹과 성경을 열심히 공부하는 그룹이 있는데, 열심히 공부하는 그룹이 "우리가 지금 배우는 것을 다른 곳에서는 어떻게 표현할 수 있을까?"라는 질문을 합니다. 평범한 그룹은 설교와 간증을 통해서 사람들의 마음을 끌 수 있겠죠. 그러나 제가 특별히 관심을 두는 것은 성경을 열심히 공부하는 그룹입니다. 왜냐하면 그들에게는 그리스도의 제자도를 표현해야 하는 도전이 있기 때문입니다. 낯선 곳에 복음을 들고 가는 것을 통해서가 아니라 일하는 모습이나 이웃을 대하는 모습, 혹은 결혼 생활을 하는 모습을 통해서 제자도를 표현해야 하니까요. 그런데 제가 보기에는 이러한 것들이 다른 곳으로 가는 선교와 자기가 있는 곳에 머물면서 성경 공부를 하는 사람들 사이를 갈라놓는 것 같습니다. 만일 당신이 성경 공부를 하며 예수님을 제대로 배우고 있다면 일터에서 일어나는 예수님의 도전을 보게 될 것입니다. 일터야말로 진정으로 선교 활동이 일어나는 곳입니다. 그곳에 모든 종류의 가능성이 있습니다. 예를 들어 보겠습니다.

최근에 너무 지쳐서 거의 탈진할 지경에 놓인 어떤 분과 대화를 나누게 되었습니다. 대화하면서 예수님은 안식일을 지키셨기 때문에 탈진하신 적이 없으셨다는 사실이 분명해졌습니다. 예수님은 안식일에 일하지 않으셨고, 유대인의 명절을 지키며 직접 참여하기도 하셨습니다. 아마 예수님에게 축제가 필요하지는 않았을 것입니다. 하지만 우리는 예수님이 밤과 이른 아침에 기도 시간이 필요하셨다는 사실을 압니다. 만일 여러분의 교회가 일주일 내내 일하는 사람들로 가득 차 있다면 어떻겠습니까? 사람들은 "나는 안식일을 지킬 수가 없어요. 그러다가는 일자리를 잃고 말 거에요."라고 말할지도 모릅니다. 예수님처럼 안식일을 지키는 삶을 선택하면 직업을 잃을 수도 있습니다. 이것은 제자도의 대가일 수도 있습니다.

Q 24
교수님은 안식일을 지키시나요?

A

예, 저는 안식일을 지킵니다. 안식일을 지키는 것은 제가 한 약속입니다. 예수님이 하신 것처럼 안식일을 지킵니다. "예수님도 이렇게 하지는 않으셨을 거야"라고 생각하면서요. 오늘날의 안식일은 우리 사회 안에 매우 강력한 것, 즉 일에 대한 강력한 의무를 부수는 것이기 때문입니다. 저는 월요일을 안식일로 지켜왔습니다. 사람들은 그 이유를 궁금해하고 때로는 화를 내기도 합니다. 하지만 이것은 확실히 대화로 이어집니다. 저는 진리를 말하는 것에 관련해서 궁금해합니다. 예수님은 '예'라고 할 때는 '예'라는 말만 하고 '아니오' 할 때는 '아니오'라는 말만 하라고 하셨습니다. 절대 맹세하지 말고 진리를 말하라고 하셨습니다. 만일 우리가 진리를 말하는 것에 대해 서로를 책임지는 사람이 된다면 어떤 일이 일어날까요? 예수님은 우리에게 가진 것에 대해 염려하지 말라고 하십니다. 그러나 우리는 점점 더 물질적으로 변해 가는 사회에 살고 있습니다. 우리는 더욱더 많은 것이 필요하다고 생각하며 빚에 시달립니다. 만일 삶의 단순함을 이야기하는 누가복음 6장에 나오는 예수님의 가르침을 따라 우리가 서로를 책임진다면 어떤 일이 일어날까요?

예수님의 가르침은 질문을 일으킵니다. "정말 그렇게 생각하시는 걸까? 그렇다면 한번 서로 이야기해 봐야 하지 않을까? 우리가 어떻게 하면 될까?" 성경 공부에 헌신한 사람들이라면 성경대로 사는 일에도 헌신하게 됩니다. 그런 사람들은 성경대로 사는 것이 무엇인지에 관해 이야기를 나누며 성경대로 살지 못한 자신들의 죄를 서로에게 고백합니다. 자 보십시오! 어떤 교회가 때때로 공식적으로 선교사를 배출할 수도 있을 것입니다. 하지만 교회의 궁극적 목적은 선교사를 배출하는 것이 아니라 일상생활 속에서 메시아에게 순종함으로써 현지에서 하나님의 선교에 참여하는 사람들을 가르치고 제자화하는 일입니다.

Q 25

공감합니다. 이제 약간 다른 질문을 드립니다. 오늘날 설교는 예배의 가장 중요한 부분으로 간주하곤 합니다. 초대교회의 예배에서 가장 중요한 순서는 무엇이었나요?

A

오늘날 설교가 가장 중요하다는 사실은 매우 흥미롭습니다. 그 기원이 종교개혁에 있을 것으로 생각됩니다만… 초대교회 때만 해도 그렇지 않았습니다. 아주 초기의 교회들은 식탁에 둘러앉아서 모였고 말씀은 성령님의 감동을 받은 사람들에 의해서 나누어졌습니다. 그러므로 예배에 참여한 사람들이 "자, 이제 김 목사님의 설교를 25분간 듣도록 하겠습니다."라고 말하는 경우는 없었습니다. 그분들은 그렇게 하지 않았습니다. 토요일 저녁 식사를 하면서 갖던 교회 모임이 주일 아침 예배로 옮겨가면서 '설교'가 나타나기 시작했습니다. 그러나 그것은 '대화'를 뜻하는 'Dialogos'로 불렸습니다. 초기의 설교는 강단에 서서 사람들을 내려다보며 전하는, 우리가 알고 있는 식의 '설교'가 아니었습니다. 오히려 그것은 방금 읽은 성경 본문이 사람들의 삶에 어떤 의미가 있는가를 나누는 '대화'를 의미했습니다.

초대교회 그리스도인들은 4세기 전까지 설교에 관해 어떠한 글도 쓰지 않았습니다. 그분들은 기도와 성만찬, 그리고 세례에 대한 글을 남겼지만, 설교에 대한 글은 쓰지 않았기에 남아 있는 설교문도 없습니다. 그분들에게 설교는 예배의 중심이 아니었습니다. 어떻게 설교가 예배에서 중요하게 되고 또 중심이 되었을까요? 교회 건물의 규모가 커진 것과 전문적인 성직자 직함과 더불어 목회자 계층의 높아진 위상을 생각해 보세요. 그리고 이단적인 가르침을 막는 일이 점차 중요해졌습니다. 설교의 효율적인 측면도 생각해 보세요. 한 사람이 많은 사람을 향해 이야기하는 것이 여러 사람이 동시에 이야기를 나누기보다 훨씬 쉽습니다.

우리는 설교가 사람을 변화시킨다는 증거를 보여줄 수가 없습니다. 저는 설교가 매우 중요하다고 생각합니다. 주일마다 20~25분 동안 설교를 들으면서 받아 적는 걸 보면 설교가 제게 중요한 것이기는 합니다. 그러나 저는 예배 중에 다른 곳을 보거나 하품을 하거나 마음이 다른 데 가 있는 사람들을 봅니다. 설교가 하나님의 말씀을 우리의 마음에 전하는 가장 좋은 방법일까요? 설교가 교회를 선교에 참여하도록 이끄는 가장 적합한 방법일까요?

저희 부부의 친구인 스튜어트와 시안 머레이-윌리엄즈(Stuart and Sian Murray-Williams) 부부는 "모두의 힘: 다중 음성 교회 세워 가기(The Power of All: Building a Multivoiced Church)"라는 책을 썼습니다. 이것은 여러분이 아주 흥미를 느낄만한 책입니다. 이 부부는 사람들이 힘 있는 자의 지배에서 벗어나 자신들의 권한을 갖게 하는 방법들을 보여 줍니다.

Q 26

그래도 저는 교인들을 하나로 끌어모을 수 있는 권위를 가진 사람이나 인정받는 지도자가 필요하다고 생각합니다. 아무나 나서서 아무 이야기나 하게 할 수는 없으니까요.

A

아니죠! 제가 말씀드리는 이러한 예배는 사람들이 모이고 성령님이 역사하시는 것을 묘사한 고린도전서 14장에 뿌리를 두고 있습니다. 성령님은 다양한 성도에게 은사에 따라 다른 말씀을 주십니다. 그래서 바울은 "모든 것을 품위 있게 하고 질서 있게 하라."(고전 14:40)라고 권면합니다. 교회에 모이는 성도 수도 한 요인입니다. 훌륭한 설교자는 대형 교회가 수적으로 증가하는 이유 중의 하나입니다. 이 문제는 다음 인터뷰에서 좀 더 이야기하겠습니다.

Q 27

지금 나눈 이야기와 관련해서 추가 질문을 하고 싶습니다. 지난 8월 디트로이트에서 열린 세미나에서 참가자들에게 교수님은 "초대교회의 예배와 전도(Worship and Evangelism in the Early Church)"라는 책을 나눠주셨습니다. 그 책에서 교수님은 예배와 관련하여 심포지엄(Symposium)이라는 단어를 쓰셨는데 그것은 교수님이 선택한 용어인지, 그리고 무슨 뜻인지 궁금합니다.

A

초대교회 시대의 예배는 가정에서 이루어졌고 예배의 중심에 공동 식사가 있었습니다. 모임은 두 부분으로 나누어졌습니다. 첫 번째 부분은 실제로 음식을 나누어 먹는 식사였습니다. 두 번째 부분은 열린 예배였습니다. 이렇게 두 부분으로 나누어진 식사 형태는 당시 그들 문화에서는 전형적이었습니다. 라틴어로 첫 번째 부분은 세나(cena)로, 두 번째 부분은 심포지엄

(symposium)으로 불렀습니다. 세속적인 문화에서 두 번째 부분은 연설이나 음악 또는 시 등으로 구성된 오락 시간이었습니다. 때로 이 시간은 음주나 방탕한 시간으로 전락하기도 했습니다.

그리스도인들은 당시의 식사 전통을 흡수하여 예배 형태로 변화시켰습니다. 각자 음식을 가져와서 나누어 먹고(세나, cena), 성령님이 교인들의 다양한 참여를 통해 말씀하시도록 시간과 공간을 마련했습니다(심포지엄, symposium). 심포지엄은 예배에 참여하는 초대교회 그리스도인들에게 매우 중요한 부분이었습니다.

Q 28
그들은 자유로운 예배를 드렸네요. 초대교회 그리스도인들이 설교를 예배의 중심으로 보지 않았던 이야기로 돌아갔으면 합니다.

A
신약이 쓰인 시기나 초대교회 시대와는 달리 설교가 우리 예배에서 절대적인 중심에 자리하게 되었습니다. 설교가 왜 그토록 중요하게 되었는지 물어볼 만합니다. 저는 설교가 외부 방문자에게 이야기할 기회라는 이론을 검증해 보고 싶습니다. 보통 전도를 이유로 설교를 중요하게 여기지만 저는 그것이 사실인지 잘 모르겠습니다. 아마 목회자는 외부의 방문자가 듣고 이해할 수 있는 방법으로 말씀을 전하고 믿음을 옹호할 수 있을지도 모릅니다. 목회자가 신학교를 다닌 경험 덕분에 앉아서 듣는 사람들보다는 설교를 잘할 수 있으니까요. 하지만 대부분의 많은 사람은 자신의 신앙을 잘 나누지 못합니다. 상황이 이런데 만일 설교가 예배의 중심이 아니라면 어떻게 믿지 않는 사람들에게 복음을 전할 수 있을까요?

다시 앞에 했던 이야기로 돌아가 봅시다. 우리는 보통 예배를 교회를 방문한 외부인들을 위한 것이라기보다 하나님을 위한 것으로 본다고 생각합니다. 예배는 감사와 찬양 그리고 경배를 하나님께 드리는 것입니다. 교회를 방문한 외부인들에게 말씀이 전달된다면 좋은 일입니다. 그러나 먼저 우리의 예배는 하나님께 드리는 것입니다. 우리가 하나님께 예배를 드릴 때 우리는 감동을 받고 하나님께서는 우리를 변화시키십니다. 예배 중에 우리의 성품이 다듬어지는 것이죠. 하나님께서는 예배 중에 역사하시며 우리를 바꾸십니다. 하지만 우리의 변화는 하나님께 예배를 드리는 중에 생기는 일종의 부산물입니다. 저는 예배가 우리를 위한 것도, 교회를 방문한 외부인들을 위한 것도 아니며, 오직 하나님을 위한 것이라고 확신합니다.

그러면 다음과 같은 질문을 하게 됩니다. "예배는 어떻게 증인을 만들어 가고 어떻게 우리를 변화시키는가?" "우리가 예배하는 하나님은 누구이신가?" "하나님께 초점을 맞추며 우리의 경배와 찬양 그리고 서약들이, 어떤 면에서 하나님이 우리에게 말씀하시는 것을 행할 수 있게 도와주는가?" 하나님이 말씀하신 대로 살겠다는 서약은 우리가 하나님께 드리는 것들의 부산물이라 할 수 있습니다. 예배는 예배 자체를 위해서가 아니라 하나님 자신을 위해서 매우 매우 중요합니다. 증인도 예배의 부산물이며 성령님이 다른 사람들을 믿음으로 이끄시는 좋은 방법의 하나라고 생각합니다.

interview #3

- 오늘날 초대교회 그리스도인처럼 '거주하는 나그네'로 사는 것은 어떤 모습인가요?
- 우리가 초대교회 그리스도인처럼 살아갈 지침 같은 것이 있나요?
- 초대교회는 믿음과 행위 중 무엇을 더 중요하게 생각했나요?
- 우리는 예수님의 가르침을 어디까지 실천해야 할까요?
- 초대교회와 오늘날 대형교회의 성장은 어떤 차이가 있나요?

Q 29

초대교회 그리스도인들은 거주하는 나그네로서의 삶을 살았습니다. 그렇다면 오늘날 거주하는 나그네로 산다는 것은 어떤 모습으로 사는 것을 의미할까요? 거주하는 나그네로서 우리의 선택과 실제적인 삶의 형태는 어떤 모습이어야 할까요?

A

이 질문에 대해 두 가지로 대답할까 합니다. 첫째로, 이 질문은 초대교회 그리스도인들이 아주 많이 생각했던 질문이라는 점에서 좋은 전통 가운데 있습니다. 아주 초기로 거슬러 올라가면 초대교회 그리스도인들이 궁금해하던 것을 보게 됩니다. 어떻게 하면 지역 문화의 일부로서 진정한 거주민으로 보이도록 살아갈 수 있을까? 그분들은 지역 문화를 좋아하고, 지역 음식을 먹으며 다른 사람과 같은 옷을 입고 살았습니다. 어떻게 그들은 거주민처럼 사는 동시에 다른 주권 아래에서 다른 왕국에 속한 나그네처럼 살 수 있었을까요? 다른 왕국은 지역 문화와 겹치는 부분이 있지만 지역 문화보다 훨씬 중요합니다. 우리를 창조하신 분, 우리가 두 왕국의 시민이기를 원하시는 분께서 우리가 거주민인 동시에 나그네이길 원하십니다. 초대교회 그리스도인들은 이 점에 대해 아주 많이 생각했습니다.

이 질문과 관련해서 아름다운 글을 소개합니다. '디오그네투스의 편지(Epistle of Diognetus)'의 한 부분입니다. "그리스도인들은 자신에게 주어진 운명에 따라 그리스의 도시와 야만적인 도시 어디에나 거주한다. 그리고 그들은 입는 것과 먹는 것과 삶의 나머지 영역에서 지역 관습을 따름으로써 자신들의 시민권이 갖는 특징을 놀랍고도 역설적인 방법으로 드러내 보여 준다. 그들은 각자의 나라에서 살아가지만 거주하는 나그네로서 살아갈 뿐이다. 즉, 시민으로서 모든 일에 참여하고 외국인으로서 모든 것을 참는다. 그들에게는 모든 외지가 자신의 고향이고 모든 고향이 외지이다."

초대교회 그리스도인들은 거주하는 나그네였지만 그 지역의 음식을 먹었습니다. 이것이 핵심입니다. 여기 중요한 점이 있다면, 그들은 각자의 나라에서 살았지만 거주하는 나그네로만 살았다는 것입니다. 그들은 시민으로서 모든 일에 참여하지만, 나그네로서 모든 것을 참았습니다. 그들은 자신들의 문화에 깊이 동화되어 있었지만 "그러나" 동시에 "그리고"(이 두 접속사가 중요합니다) 그들은 거주하는 나그네였습니다. 그들은 거주민과 나그네의 경계가 무엇인가 생각해야만 했습니다.

거주하는 나그네들에게 "그러나"는 다음과 같은 질문을 제기합니다. 내가 한국인처럼 사는 것이 어떤 점에서 예수님을 따르는 것을 어렵게 하는가? 나는 예수님의 삶과 비전을 어떻게 거스르고 있는가? 한편 "그리고"는 외국인으로서 살면서 모든 것을 견디는 것을 의미합니다. 우리가 아이들을 양육할 때 우리는 그들을 한국인으로 키우면서 동시에 하나님의 자녀로서 키우는 것을 우선으로 합니다.

자신이 가진 시민권과 상관없이 예수님을 따르는 특별한 부르심을 맡은 사람은 없을 것입니다. 이는 아주 놀라운 일이며 "거주하는 나그네가 된다는 것은 어떤 의미인가?"라는 질문의 핵심이기도 합니다. 초대교회 그리스도인들도 여느 사람들처럼 결혼하고 아기를 갖습니다. 그러나 그들은 아기들이 태어날 때 "버리지" 않습니다. 그들이 속한 사회에서 아기는 아버지가 자기 아이로 인정하며 이름을 지어주기까지는 아무 존재도 아니었습니다. 이것이 그들이 행해온 문화였습니다. 하지만 그리스도인들은 '우리에게 모든 아이는 무한히 중요한 존재이기에 그렇게 할 수 없다'라고, 또 '모든 아이는 하나님의 아이입니다. 우리는 갓 태어난 아기를 쓰레기장으로 데려가지 않습니다. 아이들은 우리가 구해야 하는 인격체입니다.'라고 말했습니다. 그들은 쓰레기장으로 가서 버려진 아기를 찾아 집으로 데려오고 이름을 지어 주며 아기를 자신들의 가족으로 양육했습니다. 이처럼 그리스도인들은 예수 그리스도의 가르침과 성령님을 명백하게 불순종하는 사회에서 벌어지고 있는 일을 지적했습니다. 교회는 이를 거부하며 "우리는 사회에서 벌어지고 있는 그런 짓을 하지 않겠다"라고 했습니다. 그들은 자신들의 음식은 나누어 먹었지만, 아내나 남편을 바꾸는 짓은 하지 않았습니다.

선교학자 앤드류 월즈(Andrew Walls)는 이에 대해 다음과 같은 방식으로 썼습니다. 월즈는 "토착적" 그리고 "순례자"라는 용어를 사용합니다. 초대교회 그리스도인들의 용어 "거주민"과 "나그네"는 각각 "토착적"이라는 용어와 "순례자"라는 용어와 연결됩니다.

토착화의 원리는 그리스도인들이 문화에 들어가 그 안에서 발견한 것을 관찰하는 것입니다. 그 문화 가운데 그리스도의 길을 구현할 만한 새로운 표현들이나 이해들 또는 관행들을 발견할 수도 있습니다. 그들에게 그리스도가 전해지기 전에 이미 그리스도를 닮은 모습들이 있을 수 있습니다. 자신들이 사는 곳의 문화를 향유하며 그 안에서 살아간다는 측면에서 그리스도인들은 "거주민"입니다. 그러나 동시에 그리스도인들은 "나그네"입니다. 나그네는 "순례자"의 원리와 연결되는 개념이지요. 그리스도인들이 하나의 문화에 들어가면 그리스도의 길과 가르침에 어긋나는 방식들을 보게 됩니다. 그래서 그리스도인들은 문화를 비판하며 문화에 도전하는 구체적인 대안들을 찾게 됩니다. 그들은 문화가 불의와 폭력을 극복할 수 있는 더 풍성한 삶을 향해 나아가게 합니다. 이렇게 함으로써 그들은 거주하는 나그네가 되는 것이죠.

이것은 도전입니다. 그리스도인들은 자신들의 지역 문화를 인정하면서 동시에 비판할 방법을 생각해야만 합니다. 오늘날의 문화에서 인터넷의 무지막지한 영향력을 예로 들 수 있습니다. 그리스도의 가르침이라는 관점에서 볼 때 우리는 그리스도인으로서 인터넷을 얼마나 잘 사용하며 얼마나 제대로 비판하고 있습니까? 그리스도는 "네 원수를 사랑하라, 너를 핍박하는 자를 축복하라"라고 말씀하십니다. 그런데 우리는 우리 문화가 살인 위주의 게임을 부추기는 것을 봅니다. 비디오 게임은 믿기 어려울 정도로 폭력적입니다. 우리 아이들이 이런 게임을 가지고 놀 때 자기 자신도 폭력적으로 되고 폭력은 습관처럼 자리 잡게 됩니다. 폭력이 우리의 습관을 형성하는 것이죠. 우리는 우리 아이들 안에 이런 성품을 기르고 싶은 것일까요? 이것은 부정적인 예입니다.

분명히 교회는 지금 우리 문화에 그리스도를 제대로 인정하는 긍정적인 모습이 있다고 말할 수 있을 겁니다. 한편으로는 우리가 몸부림치며 고심하는 것들도 있습니다. 앞에서 안식일을 지키는 것에 대해 언급했습니다. 우리는 일을 가치 있게 여깁니다. 일은 필요하고 좋은 것입니다. 그런데 한국의 그리스도인들이나 미국의 그리스도인들은 자신들의 문화 안에 있는 일하는 습관을 어떻게 비판하나요? 우리가 가진 생산성의 가치, 고품질에 대한 헌신, 시간의 활용 등에 대한 가치는 안식일에 관한 성경적 가르침을 존중하고 예수님의 본을 따르는 삶에 영향을 미치나요?

저는 제가 '거주하는 나그네'처럼 사는 사람이길 바랍니다. 저희 가정을 통해 거주하는 나그네의 가치가 다른 사람들에게 보이길 바랍니다. 우리가 거주하는 나그네로 살고 있는지 알 수 있는 한 가지 방법은 다른 사람이 우리에 관해서 하는 이야기를 듣는 것입니다.

A

(엘리노어 사모님) 알랜은 항상 신학교까지 걸어갔다가 퇴근하면 다시 집으로 걸어옵니다. 이웃은 매일 알랜이 걷는 것을 보며 왜 걷는지, 외국에서 왔는지 물어봅니다. 일터를 걸어서 다니는 것은 그들에게 낯선 행동이기에 알랜은 걷는 것이 왜 자기 믿음의 일부인지 그들에게 설명해야 했습니다. 알랜은 이웃을 만나고 친구를 사귀기 위해서 걸어서 다닌다고 설명합니다. 만일 알랜이 자기 차로 출퇴근을 한다면 이런 일들은 일어나지 않았겠지요.

하루는 알랜이 앞마당에서 칼을 들고 무릎을 굽혀 민들레를 뽑고 있었습니다. 이웃 사람이 다가와서는 "그렇게 힘들게 할 필요 없어요. 제초제를 구해서 뿌리면 돼요."라고 말했습니다. 왜 그렇게 힘들게 뽑고 있느냐는 말이었죠. 이런 일들로 알랜은 자신의 신앙에 관련해서 다음과 같은 질문을 하게 되었습니다. "나도 남들처럼 슈퍼마켓에 간다. 하지만 내가 그리스도인이라는 사실이 일상생활 속에서 어떤 차이를 만들 수 있을까? 나도 자연에 해가 되는 값비싼 제초제를 사야 하나?"

초대교회에 길을 묻는 이들에게   67

A

우리가 거주하는 나그네로서 우리 문화를 비판한다는 것의 의미를 깨닫기 위해 다음과 같은 문장들을 만들어 볼 수 있습니다.

"나는 다른 사람들처럼 TV를 봅니다. 그러나…

나는 정원을 가꿉니다. 그러나…

나는 차를 가지고 있습니다. 그러나…"

Q 30

예수님은 유대인이셨지만 세리들과 창기들과 파티를 했습니다.

A

맞습니다. 예수님은 많은 면에서 다른 유대인과 같으셨지만 독특한 분이셨습니다. 예수님은 자신의 문화 속에서 나그네로서 사는 삶을 실천하셨습니다. 예수님은 자신이 속한 문화를 판단하셨으며 그렇게 판단하시는 이유를 알고 계셨습니다.

우리는 이런 대화 가운데 예수님에 대해 기꺼이 이야기해야 합니다. 이런 이야기는 신앙의 증거입니다. 우리는 삶에 '그러나'와 '그리고' 모두를 갖고 있어야 합니다.

Q 31

우리 개혁 신학은 행위가 아니라 믿음을 통해 은혜로 구원을 받는다고 말하면서 행위보다 존재를 강조합니다. 그런데 초대교회는 반대로 믿음을 낳는 것은 행위라고 말하는 것처럼 보입니다. 개혁 신학과 초대교회 그리스도인들은 신학적 스펙트럼상 서로 반대편에 서 있는 걸까요?

A

어제 우리가 나누었던 대화와 연결해서 이 부분을 이야기하겠습니다. 홍 선교사님의 부인이신 함 선교사님이 의사들로부터 진료를 받았던 방법 말입니다. 토론토에서 많은 의사의 진료를 받았지만, 통증은 나아지지 않았습니다. 그 후 한국으로 가서 더 다양한 지식을 가진 의사들에게 진료를 받게 되었고 여러 분야의 의사들이 협진하면서 문제를 해결할 수 있었습니다. 여러 분야의 전문가들이 대화 가운데 지식을 나누었을 때 바른 진료가 가능했던 것입니다.

이것은 은혜와 행위가 한데 모이는 것과 같습니다. 저는 하나님의 진리는 둘로 나누어진 것이 아니라 하나로 통합되어 있다고 생각합니다. 갈라지지 않고 하나로 결합하는 거죠. 서로를 밀어내기보다는 포용하는 것입니다. 저는 후기 중세 문화를 압니다. 프로테스탄트 운동이 1520년대와 1530년대에 왜 힘을 얻게 되었는지 이해합니다. 그 당시의 프로테스탄트 운동은 행위에 근거를 두고 있는 다양한 가톨릭의 전통적인 행동 양식에 반기를 들었습니다. 여러분도 이런 일들을 하다 보면 영적 유익을 얻을 수 있습니다. 그래서 저에게는 그때의 저항이 납득이 됩니다. 저는 박사 학위를 그 분야로 받았기에 저항이 어떤 식으로 작동하는지 이해합니다.

제 연구 가운데 죽은 사람의 영혼을 위한 기도에 관한 자세한 연구가 있습니다. 사람들은 이에 대해 기계적인 시각을 가지고 있었습니다. 사람들은 신부들에게 자신들을 대신해서 매일 미사를 드리고, 성당을 짓고, 학교에 기부금을 내고, 다리를 건설해 달라며 헌금을 했습니다. 이것들은 모두 죽은 후의 자기 영혼을 위한 것이었고 선행이 자기에게 유익을 준다는 시각에서 이루어진 일이었습니다. 이것을 본 프로테스탄트들은 "아니에요, 선행이 아니라, 하나님의 은혜를 강조해야 합니다."라고 말했습니다. 하나님의 은혜를 경험하면 선한 일을 하게 될 것이라고 기대한 것이지요. "너희가 그 은혜에 의하여 믿음으로 말미암아 구원을 받았으니, 이것은 너희에게서 난 것이 아니요 하나님의 선물이라. 행위에서 난 것이 아니니 이는 누구든지 자랑하지 못하게 함이라. [그러나] 우리는 그가 만드신 바라. 그리스도 예수 안에서 선한 일을 위하여 지으심을 받은 자니… 우리로 그 가운데서 행하게 하려 하심이니라."(에베소서 2:8-10에 나오는 이 말씀은 성경에서 저희 부부가 매우 좋아하는 말씀 중 하나입니다.) 바울은 하나님의 은혜에 관해 이야기하는 것을 멈추지 말아야 한다고 온 힘을 다해 말합니다. 하나님의 은혜는 우리를 변화시킵니다. 하나님의 용서를 강조하는 교회가 있다고 가정해 봅시다. 여기 그 교회의 교인들은 사회가 죄인이나 범법자 또는 범법 이민자로 여기는 사람들을 어느 정도까지 용서해 줄 의향이 있느냐는 문제가 있습니다. 예수 그리스도께서 우리를 위해 행하신 일로 인해서(은혜) 다른 사람을 용서할 때(행위) 우리가 받은 용서의 진가가 나타납니다. 그렇다면 이러한 것은 은혜인가요? 이 은혜는 작동하나요? 아니면 그것은 단순히 그리스도인에 의해 전해지고 받아들여지는 것이며, 그리스도인의 삶에 중요한 것이기에 다른 사람에게로 흘러가는 은혜일까요? 이것은 여전히 받아들일 만한 개혁주의 신학입니다. 그러나 수 세기에 걸쳐서 몇몇 개혁주의 신학자들은 행위에 대해 극도로 민감해졌습니다. 행위가 우리의 삶에 몰래 끼어 들어오는 곳이 어디인지 늘 찾으면서요. 이것 때문에 그들은 행함과 행위가 매우 중요하다고 생각하는 다른 사람들(예를 들면 아나뱁티스트 전통을 가진 사람들)을 의심하게 되었습니다.

우리는 이 지점에서 예수님을 만납니다. 예수님의 가르침은 이루어진 것인가요? 아니면 무언가를 이루기 위해 더 큰 노력이 필요한 행위일까요? 예수님은 이것에 관하여 매우 강경하셨습니다. 부유함, 진리를 말하는 것, 원수를 사랑하는 것에 관한 모든 가르침 즉 마태복음 7장에 나오는 모든 종류의 가르침에서 행위를 강조하셨죠. "나더러 주여 주여 하는 자마다 하늘나라에 들어가는 것이 아니라 하늘에 계신 내 아버지의 뜻을 행하는 자라야 들어간다(마 7:21)." "나의 이 말을 듣고 행하는 자는 자기 집을 바위 위에 짓는 지혜로운 자 같으리라(마7:24)." 예수님은 "글쎄, 이런 것들은 너희가 행할 수 있을 만큼 충분한 은혜를 경험한 후에야 생각해 볼 만한 것들이다."라고 말씀하시지 않았습니다. 그분은 "그것들을 행하렴. 그러면 그것을 행하는 데 필요한 은혜를 발견하게 될 거야"라고 말씀하셨습니다. 또 그분은 "이런 가르침들은 내가 누구인지와 내가 너희들과 함께 행하는 것이 무엇인지를 보여주는 가장 중요한 것들이란다. 나는 이 가르침에 뿌리를 내린 삶의 형태로 너희를 부르고 있어. 그리고 이것은 너희 삶과 너희 공동체의 삶을 세상에서 구별되게 할 거야."라고 말씀하십니다.

초대교회 그리스도인들은 예수님의 말씀에 담긴 명령의 속성을 매우 진지하게 받아들였습니다. 그래서 당시 사람들에게 "그리스도인들은 어떤 사람들인가요?"라고 물으면 사람들은 "그리스도인들은 자신들이 들은 복음에 대한 응답으로 원수를 사랑하고, 자신들의 소유를 나누며, 이해할 수 없는 행동을 하는 사람들이에요."라고 대답했습니다. 초대교회 그리스도인들은 전염병으로 죽어가는 사람들에게 도움의 손길을 내미는 것과 같은 이상한 행동들을 했습니다. 초대교회 그리스도인들은 "행위"를 좋은 이웃이 되는 것으로 이야기하였습니다. 제 생각에 오늘날의 많은 그리스도인은 "은혜"를 복음으로 이야기하는 것 같습니다.

여기에서 저는 사람들의 진정한 문제가 무엇인가에 초점을 맞추어 봅니다. 전에 일본인 루터교 신학자와 나눈 이야기가 기억나네요. 그분은 말하기를 "일본은 루터 교인들이 필요합니다. 왜냐하면 일본은 항상 일만 하는 사람들과 항상 연구하는 사람들이 모여 있는 사회이기 때문입니다. 그 흐름이 전혀 느슨해지지 않습니다. 그러나 루터는 일본 사회에 은혜의 가능성이 있음을 보게 합니다." 한국 사회도 비슷할 것입니다. 은혜의 강조는 한국인들로 하여금 쉽지 않고 일해야 하고 성취해야 하는 중압감에서 벗어나게 해 줄 것입니다.

한국 사회에서도 그리스도인들이 일반 사람들과는 다르게 행하는 것을 강조하는 일이 일어날 수 있을까요? 거주하는 나그네로서 그리스도인들이 놀랍고도 치유 능력이 있는 은혜의 복음을 실천할 수 있을까요? 어거스틴이 은혜를 발견하면서 펠라기우스를 화나게 한 바람에 그리스도인들은 수 세기 동안 어려움에 빠져 있었습니다. 어거스틴은 펠라기우스가 은혜를 모두 행위로 바꾸고 있다고 비난했습니다. 이 논쟁에 관해 찾아보세요. 펠라기우스는 성경을 인용하지만 어거스틴은 펠라기우스가 제시한 성경 구절들을 무시합니다. 하지만 하나님께서는 두 사람 모두를 통해 말씀하시고 싶으셨을 겁니다. 어거스틴이 이 논쟁에서 단지 이기려고만 했기에 우리는 어거스틴쪽은 좋고 펠라기우스 쪽은 나쁘다고 생각하게 되었습니다. 그리고 우리는 캘빈주의자들은 좋고 아르메니안주의자들을 나쁘다는 생각도 합니다. 이 나라에서 메노나이트들은 더 많은 은혜가 필요합니다. 다른 전통에 속해 있는 많은 사람에게 예수님이 필요하다고 생각합니다. 그들은 사회가 경이로워하는 방식으로 살아가도록 매료하시고 큰 기쁨을 주실 예수님이 필요합니다. 우리는 서로의 말을 경청해야 하며 함께 예수님에게 배워야 합니다.

Q 32

초대교회의 성장과 오늘날 대형교회의 성장은 어떤 점에서 가장 큰 차이를 보이나요?

A

저는 이점에 관해서 꽤 유연한 편입니다. 아내와 저는 교회를 방문할 때 그곳에서 좋은 면을 보려고 합니다. 한번은 그레그 보이드(Greg Boyd)가 담임 목사인 미네소타에 있는 대형교회를 방문한 적이 있었습니다. 저희는 그 교회의 모임 중 하나인 '나그네'(sojourners)라는 이름의 모임에서 말씀을 전하게 되었습니다. 2,000명이 넘는 전체 교인 중 120명이 이 모임에 헌신하며 일주일에 세 번씩 더 작은 모임들로 나누어 만나고 있었습니다. 그들은 그리스도인으로 살면서 생기는 문제들을 풀기 위해 애를 쓰며 예수님의 산상 수훈을 암송했습니다. 예수님의 가르침을 따라 살기 위해 서로 돕고 싶어 했습니다. 자신들이 그리스도인의 인격을 닮아가는 데에 도움을 받고자 제 아내와 저를 초대했던 것입니다.

다음에는 그 대형교회의 주일 예배에 참여하였습니다. 예배가 두 번 있었고 각각 1,000명 정도 모였습니다. 조명이 너무 어두워 앞이 연극 무대같이 보였습니다. 단상 위에서 진행되는 것은 볼 수 있었지만 가까이 앉아 있는 다른 사람들의 얼굴은 볼 수 없었습니다. 정기적으로 예배에 참석하는 교인들이 자신들이 아는 많은 교우들을 볼 수 있을까요? 아마 그렇지 못할 겁니다. 예배 후에 로비에서 커피를 마시고 있는 사람은 알아볼 수 있겠지요. 그런 환경에서는 관계를 발전시킬 수 없습니다. 얼마나 많은 사람이 믿음에 이르게 될까요? 잘 모르겠습니다. 방문자가 몇 명이고 출석 교인이 몇 명인지 알기 어렵습니다. 그 교회에 교인들이 참여할 수 있는 일련의 지역사회 봉사 프로젝트들이 있으니 그런 작은 모임에서는 분명히 우정과 책임의 관계가 자랄 것입니다. 그러나 그들의 주일 예배는 멀리서 바라보는 행사와도 같은 것이지 스스로가 참여하여 하나님께 드리는 것은 아니었습니다. 그런 모습은 초대교회의 예배와는 거리가 한참 멉니다.

그러나 저희를 놀라게 한 것은 2,000명의 교인 중에 120명이 진실한 관계와 산상 수훈에 기초를 둔 삶을 키워 가며 책임감 있는 교회를 만드는 일에 진지했다는 점입니다. 그것을 보는 저희 부부는 아주 기뻤습니다. 보통 저희가 방문자로서 교회에 가게 되면 속으로 이런 질문을 합니다. "하나님께서 이곳에서는 무엇을 하고 계실까?" "이 교회에서 이루어지는 것을 통해 우리는 무엇을 배울 수 있을까?" 그리고 "이 교회는 교인들이 예수님을 신실하게 따르도록 어떻게 돕고 있는가?" 제가 홍 선교사님과 우즈베키스탄의 그리스도인들에 관해 이야기를 나누었을 때, 외부인들이 우즈베키스탄 그리스도인들에게 성공하려거든 대형교회가 사용하는 방법들을 수용해야 한다고 말해서 선교사님이 걱정하셨던 일이 기억납니다. 하지만 초대교회 모델은 그것과는 다릅니다. 초대교회 모델은 "대형" 교회가 아니라 얼굴과 얼굴을 마주하는 가정과 가족입니다. 성경의 권위가 이러한 교회 모델을 뒷받침하고 있습니다. 대형 교회 모델은 성경에 없습니다. 초대교회는 신약시대 전체와 그 후 몇 세기에 걸쳐 계속해서 퍼져 나갔습니다. 교회들은 인내하면서도 흔들리지 않고 성장에 성장을 거듭했습니다. 이런 모델들을 비교해 보는 것은 의미 있는 일입니다. 하나님께서는 우리가 어떤 형태를 선택하더라도 그것이 선한 것이라면 복을 주십니다.

Q 32-1

지금 말씀하셨던 교수님의 생각을 중앙아시아, 중국 그리고 세계에 있는 복음이 전해지기 어려운 지역의 교회들과 공유하면 유익할 것 같습니다. 교회가 힘을 가져야 하고 커져야 한다는 잘못된 생각을 하기 전에 초대교회 모델을 교회가 세워져가는 하나의 방식으로 공유하면 좋겠습니다.

interview #4

- 오늘날 초대교회처럼 행하는 교회를 보신 적이 있나요?
- 초대교회 그리스도인과 우리의 가장 큰 차이점은 무엇인가요?
- 우리는 어떻게 초대교회 그리스도인에게 배울 수 있을까요?
- 오늘날 초대교회 그리스도인이 우리에게 주는 가장 큰 도전은 무엇인가요?
- 교수님이 마지막으로 하시고 싶으신 말씀은 무엇인가요?

[크라이더 교수님] (책을 보여 주면서) 이것은 제가 스위스 출신의 개혁주의 신학자가 불어로 쓴 "복음, 칼의 이미지 그리고 십자가"(The Gospel and the Image of the Sword and the Cross)를 번역한 것입니다. 이 책을 영어로 번역하는 데 어려움이 있었습니다. 책 자체가 매우 어려워서 6년이나 걸렸습니다. 처음에 저는 여가와 휴일을 이용해 번역해야겠다고 생각했습니다. 그런데 예수님이 저에게 무슨 말씀을 하셨을까요? 휴가를 보내게 된 때가 한겨울이라 저는 따뜻한 일본식 목욕가운을 입고 휴가를 위해 마련한 집의 차가운 이층 방에서 불어책을 영어로 번역했습니다. 그런데 바로 그 과정이 제가 초대교회 연구를 시작한 계기가 되었습니다!

여기 카타콤에 관한 몇 권의 책이 있습니다. 저는 카타콤에 있는 이 그림들을 정말 좋아합니다. 이 그림 속 여인의 이름은 아이린(헬라어로 ειρηνη(에이레네):평화라는 뜻)입니다. 제 책의 표지에도 사용한 그림입니다. 아이린은 그리스 이름을 가진 종이었는데 로마에서 살았습니다. 당시 로마에 사는 가난한 그리스도인들은 그리스어를 사용하고, 부유한 그리스도인들만 라틴어를 사용했습니다. 그러니 그녀는 그리스어를 쓰는 가난한 사람들 사이에서 일했을 겁니다. 여기 종의 신분이었는데도 품위 있는 장례를 치르고 매장된 여인이 있습니다. 이 여인의 이름은 아름다운 덕인 "평화"를 의미합니다.

Q33

교수님께서는 초대교회가 하나님의 능력과 그리스도인의 "일탈"을 통해 성장했다고 지적하셨습니다. 이런 일탈을 행하는 교회를 알고 계시나요?

A

저는 초대교회처럼 하나님의 능력과 일탈을 함께 보여주는 교회를 알지 못합니다. 하지만 가끔 하나님의 능력을 강조하는 교회들을 봅니다. "와서 치유를 받으라"는 이야기는 아주 흔합니다. 반면에 예수님이 당신을 "이상하게" 만드는 교회는 자주 보지 못합니다. 만일 당신이 하나님의 능력을 진정으로 경험한다면 당신은 변할 것입니다. 그리고 하나님의 실재와 임재를 참으로 믿기에 재산을 사람들에게 나누어 줄 것입니다. 만일 하나님이 당신을 치유해 주신다면 당신은 무엇을 하고 싶을지 생각해 보십시오. 이런 생각이 초대교회와 정말 잘 맞았던 것 같습니다. 그들은 하나님께서 자신들의 삶 가운데 그런 일을 행하시길 간청했기에 하나님의 실재를 느꼈습니다. 그들의 삶은 매우 불안정했기에 하나님이 실재하셔야만 가능한 삶을 살았습니다. 저는 우리가 가진 보험과 저금 때문에 실재하시며 활동하시는 하나님을 필요로 하지 않는다는 사실이 두렵습니다.

제가 사는 미국에서 은퇴할 때 적어도 50만 불은 갖고 있어야 안전하다는 이야기를 들었습니다. 여러분이 살고 계신 캐나다는 의료보험이 보장되어 있으니 미국인들만큼 돈이 필요하지는 않겠죠. 그러나 제가 보기에 미국 사람들은 재정적인 안정을 아주 많이 생각하는 것 같아요. 그래서 TV 뉴스를 보면 건강이나 돈에 관련된 회사 광고가 많이 나옵니다. 우리는 하나님의 능력, 즉 하나님의 치유하시는 능력을 신뢰하는 것과 신자들의 일탈적인 삶의 방식을 서로 연결해야 합니다. 하나님의 능력에 대한 믿음과 여러분의 일탈적 삶, 둘 중 하나만으로는 안 됩니다. 두 가지가 모두 필요합니다.

Q 34
초대교회 그리스도인들은 오늘날 우리가 믿음을 실천하는 것에 대해 어떻게 말할까요? 초대교회 그리스도인들과의 통시적 대화가 유익할까요?

A

초대교회 시기는 물론이고 다른 시대의 많은 그리스도인과 나누는 통시적 대화는 우리에게 유익하다고 믿습니다. 우리는 모두 그리스도 안에서 형제자매이기에 그들로부터 배울 점이 있습니다. 통시적 대화의 목적은 그들의 잘못을 지적하는 것이 아닙니다. 그들이 우리에게 가르쳐 줄 수 있는 점을 찾는 것입니다. 그런 면에서 통시적 대화가 유익하다고 보는 것입니다. 여기에 덧붙이고 싶은 말은, 지역을 횡단하는(공시적) 대화도 필요하다고 생각합니다. 미국의 그리스도인들이 여러 다른 지역에 있는 그리스도인들과 대화하는 일이 필요합니다. 우리는 그리 부유하지 않은 그리스도인들에게도, 다른 방식으로 살아가는 그리스도인들에게도, 그리고 우리보다 훨씬 많이 기도하는 그리스도인들에게도 많은 것을 배울 수 있습니다. 한국의 그리스도인들은 기도에 대해 잘 압니다. 미국 그리스도인들은 한국의 그리스도교로부터 기도의 역할에 대해 배워야만 합니다. 그 일은 우리에게 도움이 될 것입니다. 네, 그렇습니다. 우리는 서로의 이야기에 귀를 기울이며 공시적인 대화를 해야 합니다.

Q 35

초대교회 그리스도인들이 우리에게 주는 핵심 메시지는 무엇인가요?

A

초대교회 그리스도교에는 '전체론'(wholism)이 있었습니다. 그들은 예배, 전도, 제자도 각각 중요하면서 동시에 서로 연결되어 있다고 보았기 때문에 이들 중 하나에만 집중하지 않았습니다.

어떤 권위자가 초대교회로부터 배워야 한다고 말하는 것은 약간 위험해 보입니다. 대신에 우리가 해야 할 일은 초대교회 그리스도인들의 글이 담긴 책을 구해서 서로의 생각을 나누는 일이 아닐까 합니다. 예를 들어 우리에게 '클레멘트의 두 번째 편지'(Clement's Second Letter)가 있다고 합시다. 모두가 일주일 동안 그 책을 읽고 나서 무엇을 배웠는지 토론하는 겁니다. 이때 역사학자의 시각에 의해 우리의 시야가 제한을 받는다면 위험합니다. 우리가 역사학자보다 더 명확하게 볼 수도 있습니다. 하나님께서는 강한 자에게 말씀하시는 것만큼 덜 강한 자에게도 말씀하신다고 생각하거든요. 이것이 초대교회 그리스도인들의 통합의 한 예입니다.

Q ₃₆

오늘날 교회들이 당면한 가장 큰 도전은 무엇이라고 생각하
십니까? 그리고 그런 도전을 극복하기 위해 어떤 준비를 해
야 할까요?

A

초대교회가 우리에게 진정으로 도전하는 측면은 분명하다고 생각합니다. 우
리는 안전을 기반으로 하는 생활방식을 최우선으로 생각합니다. 여기서 말하
는 안전은 생활의 모든 측면에서의 안전을 의미합니다. 영국에서 지낼 때 저
희 부부는 스스로 단순하게 산다는 사실을 의식하고 있었습니다. 저희가 내리
는 의사결정은 다른 사람들의 의사 결정과 구별되었습니다. 그리고 선교사로
서 은퇴하고 미국으로 돌아왔을 때, 저희는 메노나이트 교회 안에 은퇴를 생각
하고, 보험을 생각하고, 안전과 관련된 모든 영역을 고려하는 사람들이 있다는
사실을 알게 되었습니다. 그분들은 모두 교회의 정식 교인들인 데다 정직한 사
람들이기에 여러분의 삶을 안전을 추구하는 세상으로 끌어들일 수 있습니다.

그러나 저는 안전보다 오히려 소명과 선교에 대해 생각하고 싶습니다. 실제
로 그렇게 하고 있습니다. 하지만 제가 미국인이기에 미국식 사고방식에 빠
져들게 됩니다. 초대교회 그리스도인들은 저처럼 생각하지 않았고, 안전에
몰두하지도 않았습니다. 미국인들은 의술을 많이 신뢰합니다. 만일 당신이
의술을 전적으로 신뢰한다면, 당신은 초대교회 그리스도인들이 취했던 하나
님의 치유에 대한 태도를 보일 수 없을 겁니다. 미국인들은 총기를 아주 신뢰
합니다. 사람들은 집에 총을 가지고 있어야 안전할 거로 생각합니다. (그리스

도인들도 대통령이나 의원을 뽑을 때는 베개 밑에 권총이 있는 사람처럼 안전을 우선시하며 투표합니다.)

저는 하나님만을 신뢰합니다. 그분 안에 완전한 구원이 있습니다. 우리가 통제할 수 없는 일들이 생길 때야 비로소 성경이 이해되기 시작합니다. 초대교회 그리스도인들은 이러한 일에 관해 이야기해 줄 것입니다.

많은 그리스도인이 안전과 통제에는 관심을 두지만, 위험을 감수하는 일은 꺼립니다. 그 결과, 그들은 무료하고 예측 가능한 나날들 속에 다른 모든 사람과 똑같은 삶을 살아갑니다. 그리스도인들은 '신뢰'에 눈에 띄게 심각한 문제를 갖고 있습니다. 그리고 우리는 초대교회 때 예수님이 중요하게 여기셨던 가르침을 잊는 경향이 있습니다. 예수님은 가진 것을 나눠 주라 하셨으며 원수를 사랑하셨습니다. 그러나 그리스도인들은 자신이 통제할 수 있는 상황 가운데 있고 싶어 합니다. 상대를 통제하고 싶어 하고 논쟁에서 이기기를 원합니다. 동성 결혼에 관해 토론하게 되면 우리는 논쟁에서 이기고 상대는 지기를 바랍니다. 하지만 인내의 길은 나의 간증을 만들어 가며 기꺼이 기다리는 것인지도 모릅니다. 그리고 우리는 시간이 지나면서 나 자신과 상대방이 어떻게 변하는지를 보게 될 것입니다. 끝으로, 논쟁을 통제하며 이기는 대신에 우리 자신의 연약함을 드러내야 한다는 말을 덧붙이고 싶습니다.

여기 제가 알리스터 맥그라스에게 쓴 글이 있습니다. 저는 이 글을 성공회 신학 학술지(Anglican Theological Review)에 기고했습니다.

그리스도인들은 그리스도교를 생활양식이 아니라 믿음과 관련된 것으로 만들고 있습니다. "나는 무엇을 믿는가?"는 중요한 질문이 되었습니다. 이제 그리스도인들은 행위의 옳음(orthopraxy)보다는 교리의 옳음(orthodoxy)을 중요시합니다. 진리대로 살기보다는 진리를 생각하는 것입니다. 이야기를 들려주는 것이 우리 교회들이 세례 교육에서 가르치는 전부입니다. 요즘 메노나이트 안에서 세례 준비에 젊은이들이 오랜 시간 참여하게 하기가 점점 더 힘들어지고 있습니다. 세례를 받으려는 사람에게 멘토가 되어줄 어른을 찾는 일이 어렵습니다. 어떻게 하면 25세의 "매력적인" 그리스도인이 세례를 받을 17살 청년을 데리고 와서 세례 교육을 받게 할 수 있을까요? 어떻게 하면 어른을 설득해서 중요한 멘토가 되게 할 수 있을까요?

세례 교육에서는 성경과 믿음 그리고 예수님에 대한 생각과 관련된 것을 자주 가르칩니다. 어떤 그리스도인 저자들은 성도덕과 같은 것을 주제로 하는 글은 많이 쓰지만, 안전이나 관대함, 신실함과 같은 행함의 측면에서 다루는 글은 전혀 쓰지 않습니다. 이런 것들이 실제 문제인데도 말입니다. 예수님이 이러한 것을 보시면 어떻게 말씀하실까요? 우리는 믿음의 반응이나 습관이 형성되도록 가르치지 않고, 믿음에 대한 생각이 형성되도록 가르치는 경향이 있습니다. 믿음의 반응과 습관은 시간을 들여 실천해야 만들어집니다. 또한, 변화의 과정에서 우리가 실패한 모습들을 간증하는 일도 필요합니다.

제 책이 생활 속의 습관에 대해 많은 지면을 쓰고 있지만, 오늘날 세례 교육은 이러한 습관에 대해 실제로 전혀 다루지 않습니다. 보통 "좋은 캘빈주의자는 무엇을 믿는가?" 또는 "좋은 메노나이트는 무엇을 생각하는가"를 질문하지만, "좋은 캘빈주의자는 어떻게 사는가?" 또는 "좋은 메노나이트는 어떻게 행동하는가"와 같은 질문은 하지 않습니다. 메노나이트들은 행함에 대해 조금 더 이야기할지 모릅니다. 그러나 저는 산상 수훈에 비추어 행하는 삶에 몰두하고 있는 미니애폴리스의 교회에 깊은 감명을 받습니다. 그곳에는 산상 수훈을 암송하고 그것에 따라 살아가는 삶의 어려움을 이야기하는 사람들이 있으니까요. 그것은 좋은 세례 교육이라고 생각합니다. 입으로 회심에 관해 이야기하는 것은 상대적으로 쉽습니다. 그러나 습관이 바뀌는 것은 믿음의 변화일뿐만 아니라 행함의 변화입니다. 그것은 어렵습니다. 그렇기에 초대교회 그리스도인들의 가르침과 회심의 과정은 느리게 진행되었습니다.

오늘날 우리는 어떤 상황에 처하게 되면 매우 빠르게 그리고 관습에 따라 반응합니다. 우리는 여느 미국인이나 한국인처럼 반응하는 것이죠. 그런데 알리스터 맥그라스는 다른 방식으로 사는 사람의 사례로서 아미시 사람들의 용서를 들었습니다. 그렇다면 성공회 신자들은 어디에서 그런 사례를 찾을까요?

알리스터 맥그라스의 이 질문에 저는 최근에 콜로라도에서 일어난 사건으로 답했습니다. 클로이 위버(Chloe Weaver)는 메노나이트 자원봉사에 지원한 20세 그리스도인이었습니다. 2010년 10월 24일, 16세 나이의 소형 트럭 운전자가 운전 중 전화 문자를 하는 바람에 친구와 자전거를 타고 가던 클로이를 치어 숨지게 했습니다. 2011년 6월에 열린 법정 심리에서 클로이의 부모는 가해자를 용서해 주어 모든 사람을 놀라게 했습니다. 지역 신문의 기사에 따르면 클로이의 아버지는 운전자에게 "나는 클로이가 조금 더 나은 세상을 만들기 위해 이곳에 와서 하려고 했던 일을 자네가 작게나마 계속해 주길 바라네."라고 말했습니다. 이 사건을 취재하던 기자는 몹시 놀랐습니다. 위버 가족은 저보다 나은 사람들입니다. 그들의 신앙은 주일을 지키는 습관에 그치지 않았습니다. 그들의 신앙은 숨 쉬는 것처럼 일상생활의 한 부분으로 자리 잡고 있었습니다. 우리는 어떻게 해야 이 위버 가족처럼 '다른 방식으로 살아가는 사람으로 변화되는 회심'을 할 수 있을까요? 그런데 우리 교회의 젊은 이들은 학교 간의 운동경기와 다른 활동에 쫓겨 신앙 교육과 같은 것을 할 시간이 그리 많지 않습니다.

Q 37
지금까지 교수님이 해오신 모든 연구를 한두 문장으로 요약할 수 있을까요?

A

하나님으로부터 받은 선물이라고 믿는 제 연구에는 두 가지 주안점이 있습니다. 그중 하나는 인내에 대한 강조입니다. 제가 그동안 해 온 많은 연구를 모두 모아 하나로 묶어서 보는 것은 어렵습니다. 어느 날 저는 아내 엘리노어와 함께 시카고로 기차를 타고 여행하면서 "느린 교회"에 대한 글을 읽고 있었습니다. 그 글의 저자인 크리스토퍼 스미스(Christopher Smith)가 인내에 관해 이야기하고 있었습니다. 문득 초대교회 그리스도인들이 인내에 대해서 세 권의 책을 썼다는 생각이 났습니다. 아무도 그 책에 관심을 기울이지 않았습니다. 어거스틴(Augustine) 이래로 수년 동안 모든 학자는 어거스틴의 인내에 대한 책을 그가 쓴 다른 어떤 책보다 적은 시간을 들여 연구했습니다. 그들은 키프리안(Cyprian)의 "인내의 선함에 대하여"라는 책은 아예 쳐다 보지도 않았습니다. 터툴리안(Turtullian)의 "인내에 대해서"도 보지 않았습니다. 인내는 학자들에게 중요하지 않았습니다. 그러나 초대교회에는 인내가 중요했습니다. 그리고 아마도 이것이 제가 건축자의 버린 돌이 모퉁이 돌이 되는 것을 경험하게 된 이유일 것입니다. 하나님이 제게 이렇게 말씀하시는 것을 감지했습니다. "초대교회 그리스도인들이 중요시했던 인내를 가지고 연구하면서 어떤 변화가 생기는지 보렴."

초대교회 그리스도인들의 예배 모임에는 세례를 받지 않은 사람이 없었다는 사실을 깨달은 것이 두 번째 주안점을 발견하는 순간이었다고 말할 수 있습니다. 세례를 받지 않은 자는 예배에 들어갈 수 없었고 세례를 받은 그리스도인들만이 예배에 참석할 수 있었습니다. 저는 오늘날 그리스도인들이 구도자 중심의 예배를 강조하며, 교회 밖의 사람들을 어떻게 교회로 모으며 그들에게 어떻게 설교할 것인가를 강조하는 세상에 살고 있기에 제가 발견한 사실을 믿을 수 없었습니다. 초대교회 예배에는 교회 밖의 사람들이 참석할 수 없었습니다! 이는 설명이 필요한 것으로 보입니다. 하나님이 전도에 관심을 가지지 않았다는 말일까요? 교회 밖의 사람들이 예배에 들어 올 수 없다면 하나님께서는 그 많은 불신자를 어떻게 전도하려고 하셨을까요? 저는 하나님께서 그분을 예배하러 모인 사람들과 예배 가운데 변화된 사람들을 통해 불신자들에게 다가가길 원하셨다는 것을 깨닫게 되었습니다. 하나님께서는 예배 때의 설교로 불신자들에게 다가가길 원하지 않으셨습니다. 하나님께서는 신자들이 예배 때 변화되고 난 후 그들이 불신자들에게 다가감으로써 불신자들을 전도하고 싶으셨습니다. 이 두 가지가 제가 최근 몇 년 사이에 크게 깨달은 것입니다.

이제 제 연구를 몇 문장으로 요약하는 것으로 돌아가 봅시다.

하나님께서는 연약하고, 비효율적이고 긴 시간이 걸리는 것처럼 보이는 놀라운 방법으로 하나님 나라를 오게 하십니다. 하지만 "당신의 나라가 임하옵시며"를 기도하는 사람들은 멈출 수 없는 하나님 나라의 보이지 않는 징후들이 완성되기까지 쉬지 않으시는 하나님과 함께 일하며 발효를 기다리고 있습니다. 발효는 무엇이죠? 그것은 주로 하나님에 관한 것입니다. 발효는 바로 일하시는 하나님이며 그분의 주권에 관한 것입니다. 그러면 그리스도인들은 무엇을 행해야 하나요? "당신의 나라가 임하옵시며"를 기도하는 그리스도인들은 하나님께서 거기에 발효와 변화가 진행되고 있음을 알려주실 때 그분과 함께 일하며, 그분과 함께 기다립니다. 이것들은 멈출 수 없는 하나님 나라를 알게 하는 보이지 않는 신호들입니다. 발효는 내적 능력을 갖추고 있으며 잘 만들어진 김치와 같이 기가 막히게 맛있습니다.

"회심의 변질"을 요약하기 위해 언급하고 싶은 것은 두 부분입니다.

초대교회 당시 회심은 회개하고 제자가 되라는 예수님의 부르심에 대한 회심자의 응답의 마음이 핵심이었습니다. 회심은 예수님의 인격과 가르침에 대한 응답으로, 충성과 믿음 그리고 행함에 있어서 근본적인 변화를 포함하고 있었습니다. 그러나 콘스탄틴 이후 수 세기 동안 그리스도인 지도자들은 올바른 교리만 너무 강조하고 바른 삶의 방식과 행함에는 거의 관심을 두지 않으면서 회심의 본뜻을 변질시켰습니다.

이점을 "회심의 변질"이 다루고 있습니다. 인격의 변화에 대한 총체적인 관점이 지적 관점으로 변화해 가는 과정을 보여 줍니다. 이제 회심은 사람이 생각을 바르게 하는 것을 뜻하게 되었습니다. 생각이 바르다면 행동도 바를 것이라고 보는 거죠.

Q 38
교수님은 앞으로 무슨 일을 하실 생각이신가요? 학문적인 일 뿐 아니라 믿음의 여정 측면에서의 계획을 알고 싶습니다.

A

한두 가지 써야 할 것이 있습니다. 제 책 "초기 교회와 인내의 발효"(Patient Ferment: The Improbable Growth of the Early Church)가 젊은 메노나이트 학자로부터 비판을 받아서 그에 대한 답글을 쓰고 싶습니다. 또 다른 하나는 영광스럽게도 옥스퍼드의 초대교회사 교수로부터 에든버러 대학 출판부(Edinburgh University Press)에서 출판하게 될 초대교회 그리스도인의 생활방식에 대해 한 장을 써 달라는 요청을 받았습니다. 이 두 가지를 쓰고 싶습니다. 옥스퍼드 교수가 제안한 제목은 "일상생활 속에서 누리는 그리스도인의 자유"(Christian Liberty in Daily Life)입니다.

그밖에 뭐가 또 있을까요? 지난 몇 년 동안 저는 에세이를 많이 썼습니다. 다른 학자와 협력해서 이 글들을 한 권의 책으로 엮고 싶습니다. 거기에는 세례와 세례 교육에 대한 글도 들어갈 겁니다. 그것은 지난번 목회자 모임에서 제가 강의한 것입니다. 그 자리에 개혁주의 목회자들도 있었는지 모르지만, 그들은 오늘날 자신들의 삶을 위해 초대교회에 의지하는 사람들이었습니다.

이야기를 비교적 쉽게 하려고 했는데 그분들께 도움이 되었는지 모르겠군요. 책이 나오면 더 쉽게 이해될 것입니다.

마지막으로 저는 기도에 대해 점점 더 많이 생각합니다. 저는 기도에 관한 전문가는 아니지만 메노나이트들에게 유용한 뭔가를 쓸 수 있다는 생각을 계속하고 있습니다. 그리고 제가 점점 더 나이가 들수록 사람들과 더 길게 대화한다는 사실을 알게 되었습니다. 그냥 이야기하는 거죠. 제가 아프기 시작하면서부터 많은 사람이 와서 저와 차를 마십니다. 며칠 전 저를 방문한 사람은 함께 앉아서 두 시간 반 동안 이야기를 나눴습니다. 그것은 제가 서둘러야 할 일도 없고 나이도 많이 들었기 때문입니다. 이것이 제 인생이 처한 단계입니다. (뭐라 부르는 게 좋을지는 모르겠으나) 현명하고 나이 든 사람의 단계라고나 할까요. 사람들이 질문을 가지고 오면 우리는 함께 이야기합니다. 그리고 저는 이렇게 이야기 나누는 것을 좋아합니다. 저는 파푸아뉴기니 사람들이 '현명하고 나이 든 친구들 사이의 비효율적인 어울림'(Ineffective lingering among wise older friends)이라고 부르는 것을 하는 거죠. 그것이 얼마나 지속될지 두고 보려고 해요. (웃으시면서) 하지만 그걸 광고하는 것은 아닙니다. 그것이 조금 더 계속될지를 지켜보는 즐거움이 있다고나 할까요.

지난 12월(2016년 12월) 마지막 주부터 건강이 많이 나빠졌습니다. 병원에서 일주일을 보낸 후 집으로 왔습니다. 집에 돌아온 다음 날, 이 글이 우편으로 도착했는데, 이것은 제가 바랐던 것이 아니었습니다. 저는 몸 상태도 안 좋았고 생각하는 것도 어려웠기에 이 글이 저를 힘들게 했습니다. 저는 이 글을 쓴 분을 헐뜯지 않는 글을 쓰고 싶습니다. 그분의 통찰력 중 타당한 것은 받아들이고 싶습니다. 그분이 기여한 인내에 관한 생각들은 앞으로 나아갈 길을 제시한다고 볼 수는 있지만 좀 더 깊이 생각해 보아야 합니다. 저는 그 점에 대해 더 연구하며 그분과 더욱 긍정적인 대화를 나누게 되길 원합니다. 아아! 우리는 단지 무엇이 잘못되어 있는가를 찾아서 경고하기 위해 아프리카에 있는 교회를 살펴보는 것이 아닙니다. 우리는 그곳에서 일하시는 하나님을 보기를 기대합니다.

Q 39
이제 인터뷰를 마무리할까요?

A

지금까지 가난한 자들이 하나님께 얼마나 중요한지를 많이 이야기하지 못한 것 같습니다. '사도의 전승'(Apostolic Tradition)에 의하면, 세례 준비 과정에서 세례 준비자의 멘토가 그에게 보고자 했던 것은 나이 든 사람들, 과부들, 가난한 사람들, 여러 면에서 어려움에 처한 사람들을 도와주는 삶을 사는가였습니다. 그리스도가 그런 사람들을 돌보셨으니까요. 교회가 그들을 돌보고 있는데 세례 후보자로서 당신도 그들을 돌보는 일을 배우고 있느냐는 것입니다. 세례 후보자에게 세례를 줄 때가 되었다고 생각하면 그들은 세례 후보자의 멘토에게 그 후보자가 가난한 사람들에게 어떻게 행했는지를 물을 겁니다. 만일 그가 가난한 자들을 돌보아 왔고 그의 멘토가 가난한 자를 돌보는 것이 몸에 밴 행동으로 자리 잡았다고 판단하면, 비로소 세례 후보자는 6주 정도 걸리는 세례를 위한 마지막 단계에 들어가게 됩니다.

가난한 사람들을 돌보는 일은 제 삶의 일부이며 하나님께서 여러 해 동안 제게 말씀하신 것입니다. 1994년, 1995년에 저는 옥스퍼드(Oxford) 대학의 교수로, 그리고 리젠트 파크 대학(Regent Park College)에 있는 그리스도교와 문화 센터의 책임자로 초청을 받았습니다. 오래전에 대학 강의를 떠난 저에게 그 초청은 큰 고민이 되었습니다. 제가 대학에서 강의하는 것을 좋아했던 만큼 대학 강의를 떠나는 것이 제 마음을 아프게 했었으니까요. 저는 영국으로 가서 외국에서 온 학생들 속에서 선교사로 살았습니다. 그 일을 한 지 17년이 지났을 때 저는 맨체스터의 신학교와 대학교에서 학생들을 가르치게 되었습니다. 그런데 맨체스터 대학교와 옥스퍼드 대학은 매우 다릅니다. 옥스퍼드는 부유하고 뛰어난 인재들이 모인 곳으로 저 높이 올라가 있습니다. 그게 제 마음에 그려지는 그 학교의 모습이었습니다. 저는 특권과 힘이 있는 자리로 가는 것을 거부했습니다. 저는 묵상 중에 제가 옥스퍼드로 가야 하는지를 놓고 기도했습니다. 그리고 "옥스퍼드로 가렴. 그러나 가난한 사람들을 잊지 말아라"라는 주님의 음성을 듣게 되었습니다. 저는 옥스퍼드로 이사를 한 후, 채 한 달이 지나지 않은 때부터 목요일 저녁마다 이웃에 있는 가난한 사람들에게 음식을 나누어 주었습니다. 그 일을 5년간 계속했는데 그것은 한 걸음씩 아주 자연스럽게 이루어졌습니다. 그리고 그곳에 사는 동안 저는 학교에서 개인 교사로 섬겼는데, 주로 7~8살 된 가난한 아이들과 함께 지냈습니다. 그들은 자주 현실적인 문제에 빠지곤 했습니다. 우리 집에서 1마일 이내에 온갖 종류의 어려움을 가진 사람들이 있었습니다. 제게 주신 부르심은 가난한 사람들과 계속 함께하는 것으로 생각합니다. 지금 70대에 접어들었다고 해서 그 일을 중단해야 할 이유는 없으니까요. 저는 옥스퍼드 길거리의 사람들과 마약 중독자들, 그리고 학교 아이들과 함께 지내는 가운데 아주 많은 것을 배웠다고 간증할 수 있습니다.

저는 요즘 가난한 사람을 도와주는 이야기를 거의 듣지 못합니다. '사도의 전승'(Apostolic Tradition)에서는 가난한 사람을 돕는 일이 절대적으로 중요했습니다. 그 일이 오늘날 우리에게 더는 매우 중요한 것으로 보이지 않습니다. 최근에 우리 교회에 아주 슬픈 일이 있었습니다. 도심 지역은 다양한 많은 문제를 갖고 있지요. 우리 교회 부근에서 살인 사건이 있었는데 한 교인 가족이 살인과 자살로 죽은 부부의 자녀 다섯을 데려온 것입니다. 그래서 갑자기 교회에 다섯 명의 가난한 아이들이 생겼습니다. 저희는 이미 우리 교회를 다니는 어린이들로 인해 어려움을 겪고 있습니다만, 이제는 이 끔찍한 사고가 저희에게 사랑과 안전이 절박하게 필요한 아이들과 어울리는 새로운 기회를 주었습니다. 하나님께서 저희를 인도하시리라 믿습니다. 저희는 이런 일을 거절할 수 없습니다. 가난한 사람들을 돕는 일에 저희의 마음을 지속해서 열어주기를 소망합니다.

"주의 성령이 내게 임하셨으니 이는 내게 기름을 부으사 가난한 자에게 복음을 전하게 함이라." 우리는 예수님이 누가복음 4장과 그 이후 계속 복음을 전하며 사시는 것을 봅니다. 이것은 예수님의 전 생애와 사역에서 계속 반복되는 일이었습니다.

형제님들, 제가 지금까지 너무 많이 이야기했네요. (웃음)

인터뷰 원문

Interview Session #1

Q 1

I've come to know you as a historian of the early church. What drew you into this field of research and teaching? Why study the early church?

KREIDER

You know that I am an academic. I did a Ph.D. before I became a missionary to England. It was very surprising when I became a missionary to England because my training had been so ideal for college teaching. And it seemed rather strange for me to go to London with Ellie and move as a kind of chaplain into a house full of international students.

At any rate, this is part of my experience. This book by John Oyer, Lutheran Reformers against Anabaptists(1964) shows the kind of thing that I thought I might spend my life writing. And here is the dedication of the book to me by the author, a very important person to me. I'll say more about him later.

As I came out of Goshen College. I wanted to do careful scholarship, I was committed to the church, and committed to an Anabaptist understanding of the church. I went to Harvard to do graduate study. I studied the English reformation and I produced this book, ("English Chantries") which is an expansion of my Ph.D. work. It's good work, but it's not very directly connected to the Kingdom of God. This was the academic world I came from when I became a missionary in England. I was a scholar, but I was not trained in theology; I was not trained in missiology; I was not trained in pastoral skills. Maybe I will later tell you about the surprising missionary philosophy that placed us in London, how unprepared we were!

When we went to Europe in the early '70's we found ourselves in the middle of the European nuclear crisis. This continued during the '70s and '80s. Since my tradition was a pacifist and since Mennonites have thought and written about violence and war I started to get invitations to speak about war. I spoke quite frequently in the debating format. I debated a person who had a high position in the military, Marshal of the Royal Air Force Sir Neil Cameron. And then in theological settings, I debated John Stott (a nuclear pacifist) on hermeneutics, as well as Jerram Barrs (just war advocate) of the L'Abri Fellowship in England. In the '70s and '80s, I spent a lot of time reading, thinking, writing, and debating issues of war and violence.

At the time I had heard the early church was pacifist. And I thought, well if they were, I ought to find out more about it. I even translated a book from French into English on the subject Jean Michel Hornus, "It Is Not Lawful For Me to Fight: Early Christian Attitudes Toward War, Violence, and the State" (1980).

While I was working towards understanding the early church and war, Eleanor was studying worship in the early church. She was reading early Christian liturgies. While she introduced me to early Christian worship we were also learning about early Christian art. We found interesting connections in studying various aspects of early Christian experience. And we liked working together. So, there I was writing about nuclear bombs and missiles as a Mennonite with a Reformation history degree and at the same time, I was studying the early church. One day it occurred to me, I think my motivation in going to the early church is that I am hunting for ammunition in fighting against various ways of debating about war. But really, what I find when I go to the early church is not ammunition; I find bread. I find that the early Christians are giving me food, giving me new insights and giving me new perspectives, and opening my eyes in wonderful ways to deeper questions.

And so I began to turn to the early church with all my available time, with all my scholarly training. It was life-giving to me. It spoke to my heart. It spoke to my life. I had that experience when I was in my 30s and early 40s. Why study the early church? I believe that God led me there. In a very circuitous route, God led me there and not least to learn and minister with Eleanor, my wife. It wasn't something that was just academic, this was something about our life together. We were finding things in the early church that other people weren't finding and this was very exciting. The first thing I wrote about the early church appeared in 1987. I've been working on the early church for 30 years now. What motivated me to do these studies? I think it was hunger. It was hunger and God was holding out food for my soul, for my heart.

Q 2

What was it that you found that was unique compared to what others have found already?

KREIDER

What I found was that scholars who studied the early churches divided it up into small areas, asking narrow questions. There are many specialties and if you go to seminary you study theology or you study the New Testament or you study pastoral affairs or you study worship. I was struck that early Christians didn't divide the world like that. And so, these things were all interpenetrated. "Worship and Evangelism in Pre-Christendom"(1995) was the first thing I wrote that got good circulation. You can't write about evangelism in the early church if you don't write about worship. You can't separate between worship and reaching out into the world with life. If you try to do that, worship becomes dull. Or you get life that isn't rooted in an encounter with the living God. There must be a constant dialog between the two. Why did I propose that title? I was in Australia when I received an invitation from London Bible College to give their annual lecture. I had to propose a title right away and it just spontaneously came to me. I wrote the title: "Worship and Evangelism before Christendom and after Christendom" I grew into the title. I came to believe passionately in the connectedness of the two and in the significance of the changes at Christendom. And so, what I wanted to do in my book was to write something that is hard for librarians to know where to put it on their shelves. What's it about? Is it about mission? Yes. Is it about Christian education? Yes. Is it about worship? Yes. Is it about ethics? Of course! Can you have Christian life without ethics?. Can you have discipleship without really looking at these ethical questions? Theology and worship undergird all of it. People weren't writing that kind of thing – showing the wholism in the early church.

Eleanor: As far as worship is concerned, modern scholars were very interested in seeing what was written down. They minutely examined liturgies that specified exactly how you should worship and what words you should use. But in the early centuries the emphasis on the role of the Spirit was very important. There was openness and waiting for the Spirit to move the people to bring the gifts that they had to worship, and the setting was more fluid. There was more spontaneity.

KREIDER

In my writing, I pay a lot of attention to the peace greeting in worship. I was drawn to that by Eleanor who noticed in her studies at Notre Dame University that they paid little attention to the peace greeting. But it was there in the documents. So, as a Mennonite(known as a "peace church") she entered the world of early church studies and was able to see things that scholars who worked there all the time didn't see. "Peace greeting" became a flag to Eleanor to look more closely. This was also true for the rite of foot washing.

Q 3
Should we use the early church as a model for modern church?

KREIDER

The problem I have with this question is defining the modern church. There are so many kinds of churches today in so many places. So that's one question. And I want to get away from the notion that the early church is the model. I want your church to be profoundly influenced by the early church, but different because of all the years in between, because of the reformed history that's in between. You know all the things that make your church distinctively itself. I want the early church to be challenging to you. So, should we use the early church as a model? I would say yes. But I would also say the early church is not the only model. I believe that we are called as Christians into the body of Christ, which means we are called into relationships with Christians in many parts of the world now and with many Christians in many parts of the world across time. And so, I want us to be in relationship with the early Christians, just as we are in relation with Christians from West Africa, South America, and Asia today. I don't know where Reformed people find relationships today in West Africa, but I know there are places where Mennonites get inspiration from Africa. I would like us Mennonites to find inspiration from the Korean Christians. I would like us to hear you tell us your stories. I would like us to pray with Korean

Christians. We learn so much together. But we must follow not only the early church. This is sometimes called "patristic fundamentalism." That's not what we want. We don't want to be rule-bound by the early church. We want the early church to lead us toward life and to offer us possibilities and offer us testimony. So, we want them to be able to say what their life is like in Christ, and we want them to ask us questions. What is life in Christ for you? What can we learn from the early Church?

A scholar named Herbert Butterfield says that "what we can get from the early church is relevant clues." These will not be full answers, but perhaps signposts that can point us toward answers that will emerge from our questions. It's a kind of detective image. The Archbishop of Canterbury, Roland Williams, says that we ought to listen to other Christians in other periods in other places offering an exchange of gifts so they will give us gifts and we will give them gifts. The result of this then is a conversation. And so, we will be questioning the past and the past will be questioning us. And so, Joseph, your term, diachronic conversation, strikes me as a really important one. What I would say is that this is essential for a healthy church. We are members of each other, we belong to one another and we need each other. And so, should we use the early church as a model for the modern church? Yes, but not as the only model. We receive testimony and wisdom from early Christians, but this doesn't carry Scriptural authority.

Q₄

Q ₄
Why did you focus on the growth of the early church as opposed to discipleship, spirituality, or mission?

KREIDER

Well, I thought a bit about that. Specialists were turning to the early church. There were already many books about some early church topics. For example, people have turned to the early church for writings on spirituality. They've especially turned to the desert fathers, or they've turned to the early church as I was doing, to find out what Christians said about social attitudes, or violence and war. But there were not many who had really thought about the bigger picture, about the growth of the early church. There had been no book on the early church and evangelism in English since the 1970s. So there was a need for further scholarly work on this question, and I felt drawn to do this work.

I think it's also that we lived in England when I really started working on this subject. Christians were getting concerned because the church was losing numerical strength. And so, the questions of growth and decline had become very important to Christians. Many people I was talking to in England, saw numbers as the sign of God's blessing on the church. Now maybe there are times for the church to lose numbers. Maybe it is a sign of God's blessing when we become smaller. But our friends in England weren't thinking like that. And so, I was interested in working with the connection between numbers and God's blessing.

A further reason was simply my fascination with the phenomenon in church history of a period when the church is growing fast.

Q 5
What is the advantage of seeing the early church from a historical perspective, rather than a liturgical, sociological, or theological perspective?

KREIDER

That is an interesting question. And initially, I thought, well, of course, all those perspectives are important. But I'm convinced that the study of history is the most important, gives the biggest perspective. The Bible is a collection of books. It is a meta-narrative that starts at creation and moves towards new creation, from Genesis to Revelation and beyond. So, this is the big story of God, which brings salvation in God's Kingdom. And it's the story that has points of climax, incarnation, the cross and the resurrection and the pouring out of the Holy Spirit. It is a huge narrative. And within the framework of the long narrative, there are many small narratives. These are the little stories that we tell from our lives and from our congregations and about which we give testimony in our churches. And it is so important to tell both the big and the little stories. I believe that we Christians are responsible to carry the big story along with our little stories as we seek God's kingdom and his righteousness in our own lives and in our church's life. Eleanor and I have written about this in our book "Worship and Mission after Christendom" (2009). The Bible is about sociology of course, but it's not a sociological work, it's a historical work. And God is up to something that is, to be sure, political. But it's God at work, bringing about, in human history, new possibilities, healing and hope. History is really fun for me. And it gives the essential perspective for seeing God at work. I hope that isn't imperialistic for me to say; after all, I am a historian!

In London this was the first book I wrote, basically the biblical metanarrative "Journey towards Holiness: A Way for Living for God's Nation" (1987). I used the image of traveling in a hot-air balloon across the centuries to see God at work with his people. When the balloon rose higher there was a wider perspective of God's purposes, and when the balloon came down near to earth the little stories of individual people came into focus. The book is a continuous interplay of the big view of God's purposes in history with the struggle of his people to understand and follow God's purposes.

When we study something from the historical perspective, it is seeing life in motion across time. When people have studied the early church they have generally divided it into two periods with a break at the early fourth century: the church prior to Emperor Constantine or the church after Constantine. So, we have had specialists in the early period and specialists in the later period. And they haven't looked at what happened through the changes and transitions taking place throughout the entire fourth century, before, during, and after Constantine's reign. The question remained: how to fit these periods together. This has to do with the establishing of Christendom, the fusing of the interests of the church and the empire. I have observed in conversations that tensions rise when discussion turns to changes from the fourth to the fifth centuries.

I'm not sure that in my book "Patient Ferment of the Early Church" (2016), I should have included my work on Emperor Constantine and St. Augustine. Maybe those final chapters drew attention away from my overall thesis. But on the other hand, if I hadn't included those chapters maybe I never would have written what I had found. It's clear to me that a more conventional book would stop before those chapters nine and ten. I was dealing with patience in a longer trajectory, telling a story about what happened to patience across the centuries.

Q 6
Who mentored you and influenced your scholarly work?

KREIDER

Dr. John Oyer, a professor at Goshen College, influenced me profoundly. He was a very dedicated Christian who also was a careful historian, a good craftsman. I saw and admired that in him. So, I dedicated "The Change of Conversion and the Origin of Christendom" (2006) to him: In memory of John S. Oyer, 1925-1998; Mentor, Model, Friend. He didn't know much about the early church, but he knew a lot about history and he knew something about God. He knew about the role of the historian. I wanted to be like him. I admired him.

A second person who mentored me was John Howard Yoder who wrote: "The Politics of Jesus" (1994). Yoder was the greatest Mennonite scholar of the 20th century and a man of tremendous intellectual gift. I never studied with John Yoder, but I knew him. He taught at the Mennonite seminary in Elkhart, but before I got there. He did a Ph.D. in church history at the University of Basel but he was really more a systematic theologian than a historian. He dealt with big theological questions, and with historical questions. John Yoder's ideas were a powerful influence on me. This was in part because he was critical of what happened in the fourth century. He had a negative approach to Emperor Constantine. I was open to that, but I wanted to test the sources for myself. I wanted to be a careful scholar and not just say something because it sounded uncontroversial, or controversial. I wanted to say something because there's evidence. It's in the sources. So, Yoder's historical perspective on the fourth century influenced me. But I wanted to do my own historical work.

Remember, I was trained as a scholar of the English Reformation. And so when I started working on early church in the Roman Empire I was largely self-taught. But several people came to my assistance. First of all, Professor Ramsay Macmullen of Yale University. He's a brilliant expert on religion in the ancient world. His knowledge is amazing. He takes a dim view of

Emperor Constantine. Professor MacMullen is an atheist and very critical of Christianity in general. He has become a friend of mine and he has helped me. So here, see how he inscribed this book to me. (Kreider shows the book.) Over the years we have read and commented on each other's writing.

Another influential person is Professor Paul Bradshaw, an Anglican priest. He was a scholar and teacher at Notre Dame University. He has opened up for me the area of early Christian worship studies. He's given me so much.

And then, there is Professor Everett Ferguson, a Harvard Ph.D. in patristic studies. He comes from the Church of Christ, an extremely conservative protestant denomination. In all of his life, he taught at a Church of Christ College and Seminary in Texas. He was chosen to be the president of the North American Patristic Society. He wrote many books that are useful because they have quotes from the Fathers with comments from him. He is a churchman. He loves the church. He's an evangelical. He's not jumping around for new theories. He takes a conservative stance. He is a thorough and careful scholar.

One of the real highs of my scholarly life came in 1996. While Eleanor and I were at Oxford University(1995-2000) I organized a conference in Paris in which many of the top early church scholars in the world gathered, people that I admired so much. And I was privileged to convene the conference. It led to this book which is the collection of papers from the conference with a long introduction that I wrote: "The Origins of Christendom in the West" (2001). This was my happiest moment as a historian. I was happy to be engaged in such a stimulating conversation.

Q 7
How is the early church relevant to us today in the areas such as discipleship, worship, and mission?

KREIDER

How do you get disciples? You get disciples by training. So, preparation for baptism, catechesis, is a part of that training. Learning Jesus' life and teaching is a part of training. Worship is the main training ground for disciples - worship in which the emphasis is on the active presence of God, worship that includes prayer that struggles to see God at work, worship in which the Eucharist is central and in which, interestingly enough, the sermon is not central.

And mission is integral to discipleship and worship, mission that is not just according to our planning, but mission that is God's work: it's the Missio Dei. No early Christian wrote a treatise about mission. They didn't have to because their entire life was about mission. Mission flowed through everything that they were. They didn't have a school of intercultural studies. Their life was spontaneous, it was expansive, and it was not planned.

How is it relevant to us today? I think all of that is relevant. It's not that we shouldn't plan anything, but we should ask ourselves to what extent do we plan too much, calculate too much? Or to what extent do we try to develop mission without worship? We need to move away from the specialization of early Christian studies to the integration, the holism, of early Christianity. Discipleship training, worship and mission are all interconnected.

인터뷰 원문

Interview Session #2

Q 8
You said the early Christian life invited apology. What do you mean by that?

KREIDER

Apology can mean "I am sorry", sorry for something. On the other hand, apology can mean a reasoned explanation for belief and behaviour. When I say early Christian life invited apology, it is that the early Christian life invited consideration of the questions "Why do you Christians do this, why do you do that?" Outsiders were interested in hearing what the Christians had to say about their lives, about how and why their lives were different from the lives of other people. Today, people often say, "Oh Christians, there they go again. They say one thing and do another. They're a bunch of hypocrites". In the early centuries, there was a sense that the early Christians' case for their beliefs should be taken seriously because their lives were so remarkably interesting. And so, my question today is, just as it was then, what was it in their lives that made them worth taking seriously in their faith? In the same way, in our lives today, what might there be about how we live that would make atheists or unconvinced people take our beliefs seriously? What are Christians known for today? Are we known for generosity or kindness? For forgiveness?

The New York Times, a leading newspaper of record in the U.S. had, on the front page for six or seven successive days, the story of the Amish community in Nickel Mines, Pennsylvania where the community had forgiven the person who had broken into their school and killed children who were there.

Q₉
This book - "Amish grace" (2006)?

KREIDER

Amish grace. This was something that the secular media could not grasp. It wasn't what the Amish were simply saying with their mouths, it was what they did, what their lives were saying. People wanted to know what was going on. I wrote about this for the "Anglican Theological Review" several years ago. Let me read just a bit here from my article: "In many societies today, Christians are encountering an articulate secularist, atheist, apologetic that conveys its messages on bus advertisements as well as by argument in writing. In response, Christian apologists have produced a flurry of apologetic writings that has assailed the atheist arguments. In his book, "Why God Won't Go Away" (2002) Anglican theologian Alister McGrath indicates one approach that could have a future. McGrath notes that the atheists state as fact, that religion is intrinsically violent. McGrath counters this by pointing to the Amish in community in Pennsylvania in 2006 who experienced tragedy when a neighbour entered one of their schools, shot dead five of the young girls before committing suicide. And instead of seeking revenge, the Amish reflexively, immediately, without forethought offered forgiveness for the murderer and his family."

Their actions attracted immense media attention in many countries. According to theologian McGrath, the behaviour of the Amish challenges churches to bring their ethics into line with those of their founder. But even more, he argues the Amish behaviour disproves the new atheist argument that religion is intrinsically violent. I am grateful for this passage in McGrath. But what if McGrath had been able to do what the early Christian apologists such as Justin Martyr did? What if he had drawn upon the stories of Anglicans as well as Amish, of Pentecostals and Baptists, and of Roman Catholics, to show that when God forgives Christians, God forms Christians to be forgiving people? What if Christians today, shaped by their worship had offered McGrath not only three paragraphs of embodied argument about the Amish, but thirty-three paragraphs or pages, presenting embodied argument drawn from many Christian traditions? What if churches today were communities that collect and celebrate the stories of life-giving, Jesus-like counter-cultural behaviour? What if the apologies that we offered are statements of belief rooted in our behaviour?

Q 10

Then how did the early Christians live apologetically? What kind of counter-cultural behaviours did they practice?

KREIDER

The term that repeatedly comes up in the early Christian literature is freedom. People in first and second and third-century society were sensitive to freedom.

Justin Martyr wrote that many people around them were in bondage but Christians felt they were free. Christians were free of demonic control. Christians were free from addiction to sex. Christians were free from addiction to materialism and shopping. Christians were free from hatred of enemies and of killing. If Christians knew they were free in those four areas, people would look at that and ask how this could be true. Some would be attracted, and some wouldn't be. But the very notion of freedom is fundamental to the Christian faith of these early believers. Early Christians believed that when Christians live according to the teaching of Jesus, outsiders are interested. And when Christians don't live according to the Jesus teachings, outsiders find Christians boring and predictable. And(Look up 2 Clement 13.2). Christians are meant to be different not in order to be different but in order to live the Jesus life.

I'm offering this answer to your question: pagans found freedom attractive, that is freedom rooted in Jesus' teachings and life, in the Sermon on the Mount, and elsewhere in the Gospels.

Q₁₁

After Christianity was legalized, there was a different way of catechizing would-be disciples. The legalization of the Christian faith brought an influx of people coming to church to explore this new state religion. How did the church leaders respond to the explosive growth and do you think church leaders should or could have responded differently?

KREIDER

I don't really think there was immediate rapid growth right after Emperor Constantine. He didn't force worship. Constantine opened up the way to Christianity to the part of society that up to this time had resisted it. That was to upper-classmen. Upper-class males were the last people to join the Christian church. Just think of the people who rule any of our countries today. They would be like the last people who would have tended in early centuries to become Christians. People like Ambrose and Augustine represent that section of society who, once the emperor did it, they felt right to join Christianity as well.

My sense of what the church leaders should have done is to continue with what they already knew how to do. They should have continued what they tried with Emperor Constantine. They tried to teach him, to catechize him in preparation for baptism. They should've insisted that people's lives change, not just their ideas, not just what they state to be their beliefs. What one really believes is how they live. I think that the Christian leaders progressively lost connection with that truth. They lost connection between belief and lived actions with it because of who they were. The leaders were upper-class Romans and they had different attitudes than earlier Christians to wealth, to violence, and to hierarchies. When upper-class men entered the church they changed the church. They carried over into church leadership their attitudes to power and privilege. For example, bishops began to wear purple clothing in a style that was associated with imperial power. The Emperor invited them to luxurious dinners. The significant role of baptismal sponsors disappeared, and what was taught in catechizes had to do with ideas such as avoiding Arian theology. No longer did it have to do with living the teachings of Jesus. This was a movement from emphasis on behaviour consistent with Jesus to ensuring correct belief. From my perspective, this is deeply disappointing and has produced problems we've had in Christianity ever since.

Q 12

Are you implying that there was not an enormous influx of Christians right after Constantine came to power?

KREIDER

That's right. It wasn't that everybody was standing out there waiting to be let in. But numbers did increase and especially the growth in numbers for the powerful male figures.

Q 13

In your research, have you run into any incidents where church leaders got together to address spiritual decline of church?

KREIDER

No, I haven't. There are places in which they talk about admitting upper-class people into positions of leadership too quickly. The track to a rise in the church hierarchy was being made too quickly if someone had money and prominence and social allegiance. But I don't have examples of them developing the kind of analysis that I'm giving you now.

Q 14

Do you think this is because of the way the house churches were structured? They decentralized so maybe there were no mechanisms for convening leaders together to talk about this change at the time of Constantine and just after?

KREIDER

That's a good point. It could be. I mean they got together occasionally for what they called synods and they dealt with problems. And the one that I mentioned, on the rapid rise within the ecclesiastical rights, came from the synod in Nicea in 325. I wish we knew more of what they were saying to each other. I think it's also possible that they were so grateful not to be persecuted anymore, that they were willing to say "Well, maybe we have to let the standards down a bit."

Q 15
It was such a relief that people now didn't need to feel scared about being killed. It was a big point, wasn't it?

KREIDER

Constantine didn't kill people as much as the emperors who preceded him did. He outlawed branding on the face and abolished crucifixion as a punishment.

Q 16
Maybe the church leaders did not think that the changes would be detrimental. They were too caught up in the newfound safety and peace. Perhaps they were focusing on the new opportunities afforded by Constantine.

KREIDER

Oh, it was an opportunity, as the Emperor saw it. It was the chance of the church to become the church of the entire society and to bring society together as one. He was concerned to unify the empire.

What I do have are examples of the weakening effects on the church.

For example, there is a passage by Basil of Caesarea (late fourth century) observing that Christians were no longer paying attention to the sayings of Jesus as they had earlier done. Basil claims that this was withering in their teaching. There are many such examples.

Q 17
And what do you think about the future of Christianity? Do you think Christianity can grow in a post-Christendom secular world?

KREIDER

I am fascinated by this question. I suspect that there will be places where the church will flourish more than other places. I think secularism makes it very hard to be a Christian. I think materialism makes it very hard to be a Christian. And nevertheless, there are places in society where people are becoming Christian today. I've just been reading several articles about France in which upper-class people are starting to go to church again in a way that their children had not. And this is interesting. The question is, what is the church saying? And what does it say by these younger people going to church? Are they following Jesus when they go to church? Or would Jesus again knock over the moneychangers? Just because something happens in church, doesn't mean it's about Jesus. So, if the question is, "Can Christianity grow?" I think so. It's growing in a variety of ways - let's say across Africa and other places in the wider world as well.

And one other thing: I think that there will be times when people in our secularist world today will become Christian by stopping going to a church building. But might instead go to a dining room in a house and worship at a shared table. They may not go into a big church but they'll go to a house. They'll sit around, and they'll talk and they'll share a meal, and perhaps they'll recognize the presence of Jesus in the meal. They'll study the Bible together.

Next door to us here, we have a house church. There are 15 house churches in this town. Now, I think that what we may find, is that whereas we used to know what a Mennonite church looks like or we used to know what a Reformed church looks like - now, there's going to be a lot more variety. And I think that's very interesting. I think this is probably a good thing.

Q 17-1

I didn't hear this directly from him, but Bill Bright, the founder of Campus Crusade, once said that in the New Testament period, Christianity began as house churches. And in the end, it will revert to being house churches again. Right now you see that happening in persecuted countries as well as places like Indiana.

Q 18

What did an average Christian look like in the early church? And how does that compare to Christians today?

KREIDER

Well, I think it was more serious back then. The term in Latin is "fidelis": somebody who is faithful and somebody whose life has been transformed. Testifying to faith was done in baptism, and preparation for baptism was extremely serious. There is a phrase from the early Christians that I like: "We do not preach great things, but we live them." So the claim could be made that Christians are people who have faith in God, in their Saviour Jesus Christ, and the work of the Spirit, who as a result, live in a different kind of way that is observable and attractive.

Q 19

Can you tell us about how the early church Christians approached mission? Did they think of it as an outward expansion or inward attraction? Or maybe even both?

KREIDER

I think my sense there, is the early Christians simply did not talk about mission. They did not write about mission. They did not have debates about mission, or mission strategies. The early Christians wrote no books on mission. They wrote three books on patience, and three books on prayer, but no books on mission or evangelism. Even in the largest churches, they had no people whom they called missionaries or whom they called apostles. Mission was not what they were doing; mission was what God was doing, to bring God's kingdom. Mission was a word for God's work. Missio Dei

Now, I think that in so far as they thought about external expansion versus inward attraction, they probably would say, it is both. They would have thought that mission primarily is something that is related to "missio" which means sending in Latin. God is sending - but they didn't have names of missionaries. We know the names of only two missionaries between St. Paul and Constantine. Two nameable missionaries! Incredibly, the church was growing! They didn't have mission societies. They didn't have mission boards. They didn't have Wycliffe International. And yet they were growing. This is a profound thing to ask questions about. Is the mission attempt that we make as Christians today an attempt to get people to do something for us, to get the professionals to go to Chiang Mai, or wherever, on our behalf? We should be naturally involved in living the kingdom life here where we live. Sharing it with people that we meet, and watching the church grow naturally. I'm thankful for the mission board that has supported me for much of my life. But I have questions about it. And I don't think that what we need is necessarily to become more missional. Maybe we need to become more like Jesus.

Q 20
What do you think was their understanding of Jesus' teaching on making disciples of all nations?

KREIDER

What I do know Joseph is that Matthew 28 is a passage the early Christians talked about very little. What they believed was that Jesus had given that commission in the closing verses of Matthew's gospel to his twelve disciples. They had gone out and done it, a task completed. And so it was something they no longer talked about. Instead, that passage was used as a proof text for the trinity. The baptism formula indicated "in the name of Father, the Son, and the Holy Spirit. "

Q 21
Oh, that verse was not a missional text?

KREIDER

No, it was not used as a sending text. Think of YWAM. Their whole emphasis is on sending and going. But that isn't the way that the early Christians thought about this text. Now maybe YWAM is right, and the early Christians were wrong. Or maybe YWAM is right for our own time even if it wasn't for early Christians. It could very well be that we need a mission board. Maybe it is necessary. The understanding in the early church was that God would send the gospel outward. It was not for the believers to organize it. God would send the gospel to another country by arranging a slave woman as a member of a household, who goes and is simply there, and who sings hymns in her room, and somebody else listens and says "I'm attracted to that, I wonder what's going on." And so gradually a church comes into being. And then the church makes connections - well we're Christians here, we can make connections with other Christians in other cities. And so, there's something totally organic about it, but it's not that there's mission headquarters in Antioch or something like that. The Spirit does it. "Missio Dei". This is really subversive. I still continue to support our mission agency. But, I think it's worth asking deep questions about it.

Q 22

It seems like the early church seamlessly integrated worship, discipleship, and mission. How were they able to live out these things so holistically and organically?

KREIDER

I think this might have puzzled an early Christian - to be asked that because they wouldn't see it as a problem. It's just something natural. If you follow Jesus seriously, these things will happen. You can't do it unless you worship. You can't do it unless you're refreshed by the life of others. The saints who are living this life, and who together with you will worship God.

Q 23

Right, so how did they practice their faith in a way that everything was rolled into one? Right now it feels like we take an orange and we squeeze out the juice in one cup and then separate its pulp into another. And we are still calling that an orange. Do you know what I mean?

KREIDER

The thing that intrigues me about your question – You have the ordinary members, then you have the enthusiastic members who study the Bible, and then the really enthusiastic members who ask "How can we express this through going to some other place, and doing something". I think the first group can be appealed to through sermons and testimonies, but it's the second group that especially interests me. Because what I would see is that the challenge to the second group, is to express their discipleship of Jesus. Not through going to some foreign place, but rather through the way they do their work. Through the way they deal with their neighbours. Through the way they live their married lives. It seems to me that these are separating between missions, which is the really enthusiastic people who go someplace else, and the people who stay and study the Bible. If you study the Bible and study Jesus, you will find that Jesus is challenging what happens at work. And I think that's where mission work will really happen. There are all kinds of possibilities. Let me give you an example.

I was having a conversation recently with somebody who was just about burnt out. He was tired. In our conversation, it became clear that Jesus never became burned out because Jesus kept Sabbath. And on the Sabbath, he wouldn't work. And Jesus kept the Jewish great holidays. He participated in that. Maybe Jesus didn't need festivities but we know that Jesus did need these times of prayer at night and early morning. But what about if you have a church full of people who work seven days a week? They might say, "I can't keep Sabbath. I'll lose my job". To choose a Jesus-like life with Sabbath might mean losing your job. This might be a cost of discipleship.]

Q 24
So you keep Sabbath?

KREIDER

I keep Sabbath. This is a commitment that I made. It's like Jesus; he wouldn't do this either. Now, this is breaking something within our society that is so powerful – the overpowering obligation of work. I can testify that I have kept the Sabbath on Mondays. People have wondered why and have been offended, or not offended according to their choice, but it was certainly something that led to conversation.

I wonder about truth-telling. Jesus says let your yes be yes and your no be no. Do not swear at all, but speak the truth. What if we become people who are accountable to each other for speaking the truth?

Jesus tells us not to worry about our possessions. But we live in a society where there's progressive materialization. We think we need more and more. We struggle as a result of debt. What if we become accountable to each other, for obeying Jesus' teaching in Luke 6 in which he talks about the simplicity of life?

Jesus' teaching often prompts the questions "Does he mean it? If he means it, can we talk about it? What could we do?" And so it would be usual for people who are committed to the studying the Bible to live out the Bible. They would talk about what it's like living the Bible and confessing their sins to each other when they don't live the Bible well. Now, a church might produce an occasional person who goes to some other country. But the aim is not to produce missionaries who go abroad, it is rather to teach and disciple people who participate in the mission of God locally, by obeying the Messiah in their daily lives.

Q 25

Today, preaching is often considered to be the most important part of worship. What was the main focal point in the early church worship?

KREIDER

It's very interesting that the sermon is now so important. That probably has its origins in the Reformation period but certainly not in the early church. In the earliest period, there were churches that met around tables and the word was spoken by people who were inspired by the Spirit to speak. So they didn't all stop and say "Now we're going to have a 25-minute sermon by Reverend Kim" - they just didn't do that. When they started moving from these Saturday evening dinner-based church meetings, to Sunday morning worship, the sermon begins to appear. But it's called the "dialogos." This term implies a conversation. The early words for sermon aren't "sermon" as we know it, with somebody in a pulpit speaking down to other people. Rather they indicate conversations about what the Bible text just read means for the life of the people.

The early Christians, before the fourth century, wrote no treatises about the sermon. They wrote about prayer, about the Eucharist, and about baptism, but they didn't write anything about the sermon, and practically nothing about the sermon texts that have survived. The sermon for them was not the heart of worship. Why did it become important and central? Think of the increase in the size of the church buildings. Think of the rise of a professional clerical class with professional clergy titles. It became increasingly important to control teaching from heretical views. And think of the efficiency of it all. It's easier to have one person speaking to a thousand than it is to have a number of things going on simultaneously.

We have no generally demonstrable evidence that sermons change anybody. I am willing to see sermons as very important – after all, we give them 20-25 minutes every Sunday morning, and I take notes, so this is important to me. But I see people looking away, and yawning, their minds wandering. Is the sermon the best way to get the word of God into our hearts? Is this the best way to chart a course forward for the church in mission?

Our friends Stuart and Sian Murray-Williams have written a book called The Multi-Voice Church which I think you would find very interesting. They show ways to move away from the dominance of a powerful figure at the front to empower the people.

Q 26

I feel like you still need to have that authoritative presence, or a recognized leader who can pull it together. I mean you can't just have anybody up on the pulpit.

KREIDER

No, but this is rooted in 1 Corinthians 14 in which people are gathered and the Spirit is at work. The Spirit gives differing utterances to various members according to gifts. "Let all things be done decently and in order," says Paul. The number of people present is a factor, too. It seems one of the things that leads to the numerical success of the mega-churches is the brilliant preachers. We will discuss this further in the next interview.

Q 27

I have a follow-up question, which is somewhat related. In our August gathering, in Detroit, you gave us a copy of Worship and Evangelism in the Early Church.

I noticed that you used the word symposium? Is that your choice of word? And what does it mean?

KREIDER

Worship in this early period was in homes and it centered on a shared meal. The gathering was in two parts: the first part was the actual meal, sharing the food; the second part was open worship. This two-part form of meals was typical of meals in their culture. The first part was called(in Latin) cena and the second part was called symposium.

In the secular culture the second part was a time for entertainment, perhaps with speeches, music, or poetry. Sometimes it degenerated into a drinking session or a time of debauchery.

The Christians took that meal tradition and transformed it into their form for worship. They shared a potluck meal(cena) and then allowed space and time(symposium) where the Spirit would speak through varied participation of the members. So the symposium was a central part of how earliest Christians took part in worship.

Q 28

It's like free worship. Let's go back to how in the early church sermon wasn't central in worship.

KREIDER

Although it wasn't in the New Testament, and apparently not in the early centuries, the sermon has come to be absolutely central to us. It is worthwhile to ask why the sermon has become so central for us. And I would like to test the theory that the sermon is where the preacher can address the outsider coming in. The sermon is important because it has evangelistic function. But I don't know if that is true. Perhaps the minister can speak the word, advocate the faith, in such a way that the outsider who comes in can hear and understand it. This is better than people in the pew can offer it. The minister can do that because he went to seminary. A lot of people are unable to share their faith well. Now if the sermon isn't central to worship how will we impart the gospel to unbelievers?

Let's go back. I think it is for us to sense that worship is not really for the outsiders but it is for God. Worship is our offering of thanks and praise and adoration to God. Then insofar as the outsider is spoken to, that is great. But primarily we offer our worship to God. Insofar as we do that, we are moved and God changes us. In worship, our character is shaped. God is at work in our worship, changing us. Insofar as worship shapes our character, it is because in offering worship to God there is the by-product of our being changed. I am convinced that worship is not for ourselves or for an outsider, but for God.

So then the question becomes: how does worship shape witnesses? How does it change us? Who is the God we are worshiping? And in what way does focusing on God and giving God our adoration, our praise and our promises help to make us able to do what he says? We promise that we are going to try to do what he says. This is a by-product of the offering we make to God. Worship is very, very important but not for its own sake, but for God's sake.

Witness is a by-product, and may very well be one of the means by which the Spirit of God draws others into faith.

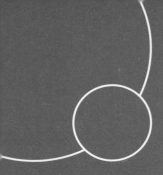

인터뷰 원문

Interview Session #3

Early Christians lived as resident aliens. What does it look like to live as resident aliens now? What are practical lifestyle or choices that we can make to live as a resident alien?

KREIDER

I suggest two things in response. First: the early Christians thought a lot about this, so your question is in a good tradition. It goes way back to the very beginning. It was something they were wondering. How could they live in a way that showed they were truly residents, a part of the local culture? They like the culture, they eat the local food and dress like others. How can they both do that and at the same time be alien because they live under a different sovereign and are subject to a different kingdom? That different kingdom overlaps the local culture, but is more important than the local culture. The One who has created us, the One who wants us to be citizens of these two kingdoms wants us to be both residents and also aliens. The early Christians thought a great deal about this.

Here is a beautiful passage about this very question. It is from the Epistle of Diognetus. "Christians inhabit both Greek and barbarian cities, according to the lot assigned to each. And they show forth the character of their own citizenship in a marvelous and admittedly paradoxical way by following local customs in what they wear and what they eat and in the rest of their lives. They live in their respective countries, but only as resident aliens; they participate in all things as citizens, and they endure all things as foreigners. Every foreign territory is a homeland for them, every homeland foreign territory."

So here we have people who are resident aliens but they eat the local food. This is utterly central. And here is the critical point: they live in their respective countries but only as resident aliens. They participate in all things as citizens but they endure all things as aliens. So here are people who have strong identification with their culture but and(those are two important words) they are resident aliens. They have to think about what the boundaries are.

The "but" for resident aliens poses the questions: At what point does living like a Korean make it hard for me to follow Jesus? In what way do I not follow Jesus's life and vision?

The "and" means they endure all things as foreigners. So when we are raising our children we are raising them as Koreans and they also have the sense they are first of all children of God.

Who could have the special vocation of following regardless of the other citizenship? This is marvelous and it is the heart of the question "what does it mean to be a resident alien?"

They marry like everyone, they have children but they do not "expose" them once they are born. In that society a child had no existence until the baby was acknowledged and named by the father. This was how their culture did it. The Christians said we cannot do that because to us every child is of infinite importance. Every child is a child of God. We don't take a newborn child to the dump. That child is a person we will rescue. Christians would go to the dump to find abandoned babies, bring them home, give them names and raise them as members of their own family. So Christians pointed out this kind of thing going on in the society that flagrantly disobeyed the spirit and teaching of Christ. The church said no. We won't do those things. They shared their meals but never their wives or husbands – their sexual partners.

Here is how the missiologist Andrew Walls writes about this. He uses the terms indigenous and pilgrim. The early Christian term resident is indigenous; alien is a pilgrim.

In the indigenizing principle, Christianity enters the culture and observes what it finds there. There may be new expressions there, understandings, or practices that can embody the way of Christ. There may already be things in the culture that look like Christ, that preceded the arrival of Christ. These are already present there. Christians can celebrate the culture, live within it – and in these ways they are residents.

But at the same time, they are aliens, which brings in the pilgrim principle. Christians enter a culture and find ways in which it contradicts Christ. It goes against the way and teachings of Christ. So Christians make a critique of the culture. Christians may seek to embody alternatives that challenge the culture. They invite the culture towards fuller life where injustice and violence are overcome. In these ways, the Christians become resident aliens.

That is the challenge. Christians have to think about how to affirm their local culture but also to critique the culture. Here is an example from today's culture - the tremendous power of the Internet. How well are we doing as Christians in using and also critiquing the Internet from the vantage point of the teachings of Christ?

Christ says love your enemies, bless those who persecute you. And we find that our culture promotes games that primarily features killing. Video games are incredibly violent. When our children play these games violence becomes reflexive and habitual. Violence shapes our habits. Is this the kind of character we want to foster in our children? That's a negative example.

Surely it is possible for a church to say there are positive things in our culture that truly affirm Christ. And there are things that we struggle with. Earlier I mentioned the challenge of keeping Sabbath. We value work. It is necessary, it is good. But how do Korean or American Christians critique their culture's work habits? Do the values of productivity, commitment to high quality, use of time enter into how we value a biblical teaching on Sabbath, or how we follow the example of Jesus?

I hope that I am a person who lives like a resident alien. My home would be one in which values of a resident alien are visible. One way to know if we are living like resident aliens is to listen to what others say about us.

ELEANOR

Alan always walked to the seminary and walked home again. So the neighbours saw him walking every day. They asked him, "Why do you walk? You must be a foreigner. Maybe you are from Canada." Walking to work was strange behaviour so then he had to explain why walking was part of his faith. He told them it was partly so that he could meet his neighbors and make friendships. This wouldn't happen if he would drive his car to work.

On another day Alan was out in the front yard, down on his knees with a knife to uproot the dandelions. Then a neighbour came to him and said "Alan, you don't have to do that hard work. You can just get herbicide and pour it on there. "So the question is "Why are you digging them out?" This became a question for his Christian faith. He could say,

"I go to the supermarket like everyone else but what difference does it make that I am a Christian in this everyday activity? Do I buy expensive herbicide which is a danger to the natural world?"

KREIDER

We can frame questions to help us realize what it means to critique our culture as resident aliens:

I watch television like everybody else but...

I keep a garden but...

I drive a car but ...

Q 30
Jesus partied with tax collectors and prostitutes.

KREIDER

Yes, Jesus was like any other Jews in many ways, but he was distinctive, too. He practiced being alien in his own culture. He knew the reasons for his judgments on his culture.

We have to be willing to talk about Jesus in these conversations. This is witness. Sure it is witness. It is important that our life is both but, and.

Q 31
Our reformation theology states that we are saved by grace through faith, not by works. Reformation theology emphasizes being before doing. But it seems like the early church is the opposite. It is behaviour that begets faith. Are reformation theology and the early church Christians standing on opposite sides of the theological spectrum?

KREIDER

I am drawn back to the conversation we were having yesterday, about the way in which Ju(Interviewer's wife) was treated by doctors. And she was treated in Toronto by a bunch of specialists and they didn't get the problem. She went to Korea and she was treated by people who had a larger knowledge. It was one in which doctors could see solutions only when they talked to each other. When they brought their knowledge into conversation with people of other specializations. It was like grace and works coming together. I often think that divine truth is a truth that brings together a whole instead of divides two apart. It marries it does not divorce. It brings into embrace rather than repulsion. I understand late medieval culture. I understand why protestant movement gains strength in the 1520s and 1530s. It was offended by the emphasis of various catholic traditional forms of behaviour that were really based on works. If you do enough of these and count them then you will get this kind of spiritual benefit. So that protest does make sense to me. I did my Ph.D. research on that. I understand how that kind of thing works. In my research, it was a detailed study of the prayer for the souls of the departed dead. People had a mechanistic view of it. They gave money for a priest to say mass every day on their behalf, they built chapels, they endowed schools, built bridges – all to the benefit of their souls after death. It was view of good works that brought benefits. And so a protestant says, "No, the emphasis must be not on the good works, but on the grace of God." The expectation is that where there is experience of God's grace, good works will result. You look at a passage such as Ephesians 2:8, "For by grace you have been saved through faith. And this not your own doing." This is one of our favorite verses in the Bible. "It is the gift of God not because of works lest anyone should boast. For we are His workmanship." Or, "[But] we are His workmanship created in Christ Jesus for good works which God prepared beforehand. That we should walk in them."

So here is Paul doing his best to say we must not stop talking about God's grace. God's grace changes us. Let's say we have a church that emphasizes God's forgiveness. The question then is to what extent are the people of that church willing to extend forgiveness to people who society views as sinners or lawbreakers or as immigrants who broke the law. Forgiveness received will show its genuineness by forgiveness offered to other people because of what Christ has done for us. So is this grace, then the works? Or is it simply grace transmitted, received by a Christian, and flowing out to other people because of its importance to a Christian's life? This is still acceptable reformation theology.

However, across the centuries some reformed scholars became terribly sensitive about works. Always looking for where works might be sneaking into our life. This made them very suspicious of anybody(like someone from Anabaptist tradition) who thinks behaviour and works are very important.

Here we encounter Jesus. Is Jesus' teaching meant to be done? Or are his teachings just works of extra effort which some people might be able to accomplish? Jesus is so strong on this. Everything that he said about wealth, truth-telling, about loving enemies - all the kinds of things he is saying in Matthew 7: "Not everyone who says to me, 'Lord, Lord,' will enter the kingdom of heaven, but the one who does the will of my Father who is in heaven. "Everyone then who hears these words of mine and does them will be like a wise man who built his house on the rock(Mt. 7:21, 24)."

Jesus is not saying, "Well, these are the things that you may want to consider after you experienced enough grace to able to do." Jesus says, "You do them and you will find necessary grace to do them." Jesus is saying: These teachings are central to who I am. These are central to what I am acting out with you. I call you into a lifestyle in which these forms of living rooted in my teaching will characterize your life and characterize the life of your community.

The early Christians took the command nature of Jesus' sayings very seriously. And they talked about these things when people asked them "What are Christians like?" They would respond by "Christians are those who love their enemies, share their possessions and do strange things as a response to the gospel as they hear it." Christians did strange acts such as reaching out to those who are dying from plagues. Christians talked about works as being good neighbours. I think many people today talk about grace as good news.

My perspective here depends on what the people's problems really are. I remember talking to a Japanese Lutheran theologian. He said, "Japan needs Lutherans because Japan is a society where people are working all the time and people are studying all the time. There is no letup. But Luther offers a possibility of grace in Japan." Korea may be similar. The emphasis on grace will enable Korean people to escape from constant pressure to work and achieve.

Might there be a way forward even in Korean society in which Christians can put emphasis on doing things differently from society? As resident aliens Christians might teach and live out grace - good news that is both surprising and healing? Christians have got in trouble across the centuries because when Augustine discovered grace he had a fit with Pelagius. Augustine accused Pelagius of turning it all into works. Find out about this argument. Pelagius quotes the Bible. Augustine ignores Bible verses presented by Pelagius. But maybe God wanted to speak from both of them. Augustine just wanted to win. So now we have Augustinian = good and Pelagian = bad. And we have Calvinism = good and Arminianism = terrible. Mennonites need more grace in this country. I think that many people in other traditions need Jesus who will charm them and delight them into living in the ways that are surprising to the society. We need to listen to each other, and together learn from Jesus.

Q 32
What are some main differences in the way the early church grew and the mega-churches are growing now?

KREIDER

I tend to be pretty flexible. When we go to church we are interested in seeing what is good there. So we went to a mega-church in Minnesota; Greg Boyd is the main pastor. We were invited there to be speakers to a sub-group of the big church – the sojourners. The big church has over 2000 members.

Of those, 120 commit themselves to covenant to meet in smaller clusters three times a week. They work at questions of the Christian lifestyle and memorize the Sermon on the Mount. They want to help each other to live according to the teachings of Jesus. They invited Ellie and me to help them work on the question of formation. Now we went to the big church's main service on Sunday. There were two services, about 1000 attending in each one. The lighting was very dark and dramatic. We could see what was going on the stage but we couldn't see the faces of other people sitting nearby. Were regular attendees going to see many people they know? probably not. They might recognize someone drinking coffee in the lobby after the service. That kind of setting is not the place to develop relationships. How many people come to faith there? I don't know. It's difficult to know how many are visitors or regular attenders. The church has a series of community service projects that people can join, and certainly in that smaller context friendship and accountability can be fostered. But the main Sunday event is something to be watched from a distance and not entered into. That feature strongly sets early Christian worship apart.

But what struck us is out of 2000 about a 120 are serious about building church that is accountable, fostering relationships that are truthful, and life that is rooted in the Sermon on the Mount. This was exciting to see. Generally speaking, when we go as guests to a church we ask ourselves, "What is God doing there?" "What can we learn from what is going on?" and "How is the church enabling their members to follow Jesus faithfully?"

Joseph, I remember talking to you about Christian groups in Uzbekistan. You were worried that people were telling them in order to be successful they must adopt the methods of mega-church. This is another model. The early church model is not of "mega." This model of church is domestic, it's household, it's family and face-to-face. It has biblical authority behind it. What we don't have in the Bible is the mega-church model. Yet, the church spread throughout the New Testament and the early centuries. Churches were growing and growing in a way that was patient but steady across three centuries. Comparing these models is worthwhile. God blesses what is good in whatever format we choose.

Q 32-1

It would be beneficial to share this idea with churches in Central Asia, China and very restricted areas around the world. Before we make mistakes or misconceptions about the church being powerful and big we can share the early church model as a way of being a church.

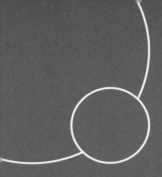

인터뷰 원문

Interview Session #4

KREIDER

(showing the book) I translated "The Gospel and the Image of the Sword and the Cross" written in French by a reformed theologian from Switzerland. There was a problem in getting it translated into English. It took me six years to translate because the book was so complicated. I thought I would work on it on my spare time and in my holiday time. What is Jesus saying? There I was given time to rest and, since it was in the mid-winter, wear my warm Japanese bathrobe. I would go upstairs in this holiday house and translate from French to English shivering in the cold room. But doing that I was being apprenticed as an early church scholar.

Here are some books about catacombs. I really enjoy these pictures from the catacombs. Here is a picture of a woman called Irene. It is on the cover of my book. Irene is a slave but she has a Greek name. She lives in Rome. But poor Christians in Rome spoke Greek. Only the wealthy Christians spoke Latin. So, apparently she was working among the poor people, the Greek speaking Christians. Here is a woman who was given a decent burial and her name means peace - a name of a virtue.

Q 33

You pointed out that the early church grew by the power of God and Christian "deviance". Do you know of any church that does this?

KREIDER

I don't know of any church that put together quite like this. But often, you see churches that emphasize the power of God: "come and be healed" this is fairly common. You don't very often come and discover that Jesus will make you "odd". But if you really do experience the power of God, you will be changed. And, you will have a quality of trust in the reality and presence of God that will free you to give your wealth away. Because if God can heal you what will you want to do? This notion of fitting these together, I think, really does fit the early centuries. There is a sense of the reality of God who is doing things in their lives because they ask God to do that. And, they lived then, a life that is insecure and is possible only if God is real. What I fear is that we don't need God to be real and active because we have insurance policies and we have savings.

What I hear in this country, is that when you get to retirement, you will not be secure unless you have at least a half-million dollars. Now, you've got a health service in Canada. And, so, a lot of the reasons that Americans need money do not apply to you. But people are in my experience in this country, thinking about monetary security a great deal. And, if you watch the news on television, the companies that have the ads tend to either be advertising health or money. We need to interlock the trusting the power of God, the healing power of God, and the deviant lifestyle of the believers. You can't do either alone. You need the other.

Q 34
What would the early Christians say to us today about the way we practice our faith? Is diachronic conversation with the early church Christians useful?

KREIDER

I believe that diachronic conversation with many Christians is useful, not just in the early centuries but in any other historical period. We're brothers and sisters in Christ. And, so we have things to learn from them. The purpose is not to point out where were they wrong but rather what do they have that could teach us something. I think that's useful. And, I want to add to that, that I think that we need trans-geographical conversation so Christians in the United States need Christians in many places. We can learn so much from Christians who are not so wealthy. We can learn so much from Christians who are living in different ways. From Christians who pray vastly more than we do. You know about prayer as Korean Christians. I think that we in America ought to be learning about the role of prayer in Korean Christianity. I think it would help us. So, yes, let's listen and have diachronic conversation.

Q 35
What are core messages of early Christians for us today?

KREIDER

There is a whole-ism in early Christianity. They will not concentrate on just one part of worship, evangelism or discipleship because they see that each is important and all three are interrelated.

I think that it's slightly dangerous to have an authority figure to say what we should learn from the early church. Maybe what we should do instead is get a book of early Christian writings and divide it up. Let's say we have Clement's Second Letter. Everybody should read it for a week and then we'll discuss what we can learn from it. The danger is often that our vision will be limited by something that a historian sees but we might see more clearly. I think God speaks to the less powerful as much as to the powerful. So, this is a sample of this integration that the early Christians practiced.

Q 36
In your opinion what is the greatest challenge the modern churches face today? And how should we prepare ourselves to overcome those challenges?

KREIDER

I think that where the early church really challenges us is clear. We highly prioritize a lifestyle that is based on security. By that I mean all dimensions of security. When we were in England, we were conscious of living simply. Of making decisions that were ones that separated us from the decisions other people were making. And, we returned to the States into retirement as missionaries. And, we discovered that the Mennonite church has people who think about retirement and think about insurance and think about all areas that have to do with security. And, these are all church members and they are all honest people. And they can completely get your life into a world in which you think about security. I would rather not think about security.

I would rather think about vocation. I would like to think about mission. I do. But I am an American and I get hooked into this American kind of thinking. The early Christians didn't think like that, they didn't have a preoccupation with security. Americans put a lot of trust in medicine. If you place all your trust in medicine, you won't have an attitude that God can heal as the early Christians did. Americans put a lot of trust in guns. People think they have to have guns in their homes so they will be secure. And then when we Christians vote for our president or for our representatives, we're the same person who has a pistol under his pillow.

My trust is in God alone. In Him is my full salvation. The Bible starts making sense when there are things we can't control. So, I think the early Christians might say something about that.

Many Christians focus on security and control and are unwilling to take risks. As a result of which, they are dull, predictable, and live like everybody else. Visibly, Christianity has huge credibility problems. And, we tend to ignore what was central to Jesus in the early church. Jesus gave away possessions and loved the enemy. However, Christians like to be in control. We want to control and win arguments. We have debates about same-sex marriage. We want to win and we want the other person to lose. A patient approach may be to make my testimony and be willing to wait. And we will see how I will change or how the other person will change across a period of time. It seems we want to have the last word. Instead of controlling arguments, maybe we should make ourselves vulnerable.

Now, here is something that I wrote in response to Alister McGrath. I wrote this article for Anglican Theological Review.

Christians make Christianity a thing of belief rather than of lifestyle. The important question became: What do I believe? It is orthodoxy rather than orthopraxy. It is thinking rather than living the truth." And the telltale thing is what we teach in our churches' catechistic programs. In Mennonite circles these days, it is getting harder and harder to get young people to spend much time at baptismal preparation. It is hard to get adults to be mentors to the people who are going to be baptized. So, how are we going to get an "attractive" Christians age 25 to go to these catechism sessions with the person who is 17 who is about to be baptized? How can we persuade an adult to be a significant mentor? Teaching at catechism is often what to think about the Bible, about faith, about Jesus. Some Christian authors write quite a bit about issues such as sexual morality but practically nothing about issues of security or generosity or fidelity. These are real issues. What would Jesus say? So, the teaching tends to deal with the formation of ideas and not with the formation of reflexes, of habits. That requires time and it requires practice. And, it may require testimony about ways in which we have failed to be changed. Whereas my book has a great deal about habitus, there is practically nothing about that in catechism today. The question tends to be "what does a good Calvinist believe" or "what does a good Mennonite think?" Not "how does a good Calvinist live?" Or "how does a good Mennonite behave?" Mennonites might be more likely to talk about their behaviour. But I'm impressed by this church in Minneapolis that is immersing itself in the Sermon on the Mount. There are people who memorize the Sermon on the Mount and talk about the difficulties in living it. I think that is good catechetic teaching. It is relatively easy to bring about a spoken conversion. But to get habitus change is to get change of not only belief, but also behaviour. That is difficult. So the early Christian teaching and conversion process was slow. These days, when we respond to situations, we respond very quickly and conventionally. We respond like other Americans or Koreans. And, so when Alister McGrath comes up with an example of people who were living differently, he chooses the one about Amish forgiveness. Where are the Anglicans to draw illustrations from? In response to Alister McGrath I quoted an example that took recently in Colorado. Chloe Weaver was a 20-year-old Christian who volunteered in

Mennonite voluntary service. On October 24, 2010, Chloe was cycling with a friend, when a pickup truck, driven by a 16-year-old who was texting, struck and killed her. In the court hearing, in June 2011, Chloe's parents astonished everyone by forgiving the driver. According to an account in the local newspaper, the father said to the driver: "I want you to carry on in some small way, the work that Chloe came here to do, to make it a better world". The reporter covering the case was amazed. The Weavers are better people than me. Their religion is not just a Sunday habit. It is as much a part of their daily lives as breathing. How do we develop a conversion that produces people like this, who breathe in a different way? The young people in our churches are so involved in interschool sports and other activities that they are not getting very much time available for catechetical formation.

Q 37
If you were to condense your life's work into a sentence what would it be?

KREIDER

There were two points in my work where I believe I have been given a gift by God.

One of these gifts was the emphasis on patience. I had a lot of research that I had done that pulling it all together was difficult for me. But one day I was traveling on the train with Eleanor to Chicago and I was reading an article that talked about "slow church". The author Christian Smith was talking about patience. It suddenly occurred to me that, of course, the early Christians wrote three books on patience. These are the books that nobody pays any attention to. Of all the scholars across the years since Augustine, people have spent less time studying Augustine's book on patience than practically anything else he wrote. And they haven't looked at Cyprian "On the Good of Patience". They haven't looked on Tertullian's work on patience. Patience has not been important to scholars. But patience was important to the early church. And maybe this is the reason for me to explore and see whether the stone the builders have rejected might be the head of the corner. So I came away from that sensing God had said to me, "Take patience which early Christians thought that was important, and see what difference it makes."

I will just quickly say the other moment of breakthrough was when I realized that there were no unbaptized people in the early Christian worship meetings. Unbaptized were excluded. Only baptized Christians were allowed in. I could not believe it because I was part of the Christian world today where emphasis is on seeker-sensitive worship and how to attract outsiders in and how to preach to outsiders. In early Christian worship outsiders simply weren't there. It seemed this was something that had to be explained. Does this mean God did not care for evangelism? How was God going to reach all those outsiders if they can't come into the worship? What I came to realize was that the way God gets through to outsiders is through the people who come together to worship God, through those who were transformed by that worship. God does not reach the outsiders because of a sermon preached in worship on the inside. God reaches the outsiders because the believers are shaped in worship, and then they reach the outsiders. So those were my two breakthrough bits in recent years.

Now back to the challenge to condense my work in a few sentences.

God is bringing his kingdom using surprising methods that may seem weak and ineffective and take a long time. But Christians who pray "Your Kingdom come," work and wait with God as he brings invisible signs of the kingdom to a maturity that is unstoppable like ferment. What is ferment? It is chiefly about God. It is God who is at work. It is about the sovereignty of God. But, what are Christians to do? Christians who pray "Your kingdom come" work with God and wait with God as God brings about signs that there is ferment, change, transformation, going on. These are almost invisible signs of God's kingdom that are unstoppable. Ferment has its own inner power and it is wonderfully delicious like well-made kimchi.

Now for your question to summarize "The Change of Conversion" There are two parts to it.

In early Christianity, conversion was the heart of the convert's response to Jesus' call to repent and be his disciple. It involved a fundamental change in allegiance, belief, and behaviour, in response to Jesus person and teaching.

In the centuries after Constantine, Christian leaders changed the understanding of conversion by placing heavy emphasis on correct doctrine and little attention to correct lifestyle, behaviour.

That is what the book deals with. It shows the movement from an early wholistic view of the person being converted to an intellectual view of the person. Conversion came to mean that one must get the thinking right. If thinking is right then action will be right.

Q 38
What's next for you? Not only in terms of your scholarly work, but maybe in terms of your faith journey?

KREIDER

There are a couple of things I need to write. My book Patient Ferment has been critically reviewed by a young Mennonite scholar. I want to write a response to that. Then, I've received an offer, an invitation, by the professor of early church history at Oxford, to write a chapter on Christian lifestyle of the early church to be published by Edinburgh University Press. That's a big honour. So, here I have a critical review from a young woman and then I get an invitation from Oxford. I want to write both. "Christian Liberty in Daily Life" is the title that the Oxford person proposed.

So what else? Over the years, I've written a number of essays. And, I want to work together with other scholars to bring them together into one body. And, that includes that piece on baptism and catechism that I sent to you.

But that is the speech that I gave to a group of pastors. I don't know that there were Reformed people there but they were people who were looking to the early church for their life today. It might be helpful to you. It's relatively simply stated. And, so that would be in a book.

But then the final thing I'm thinking more and more about is prayer. And, I'm no expert on prayer. But I think I can write something that might be useful to Mennonites. So I'm thinking about that. And, then what I observed is that as I get older, I get involved in more and more long conversations with people. We simply talk. And, one thing that has happened since my illness is that lots of people have come and drunk tea with me. So we sat and just the other day, somebody stayed for two and a half hours. That is partly because I'm not in a rush but, partly also because now I'm old. I'm in that period of life where I am,(I don't know what to call it) a wise old man, something like that. So, people bring their questions and we talk. And, I like doing that. I am doing what Papua New Guineans call ineffective lingering among wise older friends. I would like to see whether that continues. I'm not advertising that(laughter). But I would enjoy seeing whether that continues a bit more.

I became seriously ill in the last week of December. I came home after a week in the hospital. And the day after I came home, this article came in the mail. This was not what I wanted. I wasn't well and I could barely think. So that was a hard experience for me. I want to write something that doesn't put her down. I want to accept any insights that are valid. And she does make some good contributions on patience that I think may point a way forward. I have to think more deeply on this. I want to work more on that and offer a more positive discussion with her. But, my goodness, we don't look at the church in Africa simply in order to find what's wrong with it and warn. We look to see at God at work.

Q 39
Should we wrap up then?

KREIDER

I think something that we haven't talked about much is the importance to God of poor people. In preparation for baptism, according to the 'Apostolic Tradition', the kind of thing that your mentor looks for in you is whether you are being helpfully involved with the old people, with the widows, with the poor people, with people who are in difficulty in various ways, because Christ cares about those. The church cares about those and are you, as a candidate for baptism, learning to care about them too? When people sense that it might be right for a candidate to be baptized, they will ask the mentor how has the candidate done with the poor. If he has been caring about the poor, and if his mentor sees that this has become part of his reflexive behaviour, then he will be admitted to the final preparation for baptism, which lasts maybe 6 weeks.

This is a part of my life in which God has spoken to me over the years. In 1994-5, I was invited to Oxford to be a lecturer and director of the Centre for Christianity and Culture at Regents Park College. I struggled with the invitation because many years before, I had left college teaching. I loved it. It was painful for me to leave college teaching. I went to England and lived as a missionary among international students. After seventeen years of that, I was involved in teaching of Seminary and University students in Manchester. But Manchester and Oxford, they're different. Oxford is way up there as a privileged, elite place. That was its image in my mind. I resisted going to a place of privilege and power. So I went on a retreat and I was praying, should I go to Oxford or not? And, what I heard was, "go to Oxford, but do not forget the poor". After we moved to Oxford, within a month of arriving there, I found myself every Thursday evening, and for the next five years, serving food to poor people in my neighbourhood. It just worked out step by step, extremely naturally. And, since living here, I have served as a tutor in schools, I've worked with chiefly poor children who are about seven and eight years old. They are often in real trouble. Within a mile of our home, there are all kinds of needs. I believe that my call remains to be involved with poor people. Just because I'm into my 70's is no reason to stop. I can give testimony that I have learned so much from involvement with street people in Oxford, with drug addicts in Oxford, and then with these school children.

Care for the poor is something that I hear very little about. In the 'Apostolic Tradition' it was central, absolutely central. It has stopped being absolutely central to us today. Something very tragic just happened to our church. Inner city has all kinds of urban problems. There was a murder just outside our church. There is a family in our church who have taken in the five orphaned children of a couple who died by murder and suicide. So suddenly, our church has five new poor children. We're struggling with the children we've got attending the church already. Now this awful event provides us with a new possibility with being involved with children who desperately need love and security. I believe that God will provide the way forward. We cannot say no to it. I hope serving the needy will continue to open up our hearts.

So, the "Spirit of the Lord is upon me because He's anointed me to preach Good News to the poor." We see Jesus preaching and living the Good News from Luke chapter four and onwards. This is something that simply keeps repeating in the entire life and ministry of Jesus.

So, brothers, look, I've said too much.

크라이더 교수님의
교훈

크라이더 교수님의 인터뷰 내용을 소개하면서 크라이더 교수님의 연구에 나타난 초대교회 그리스도인들의 모습의 주요 특징을 살펴보고자 합니다. 이 글은 교수님의 저술과 세미나 그리고 개인적인 대화를 통해 배운 것을 바탕으로 썼습니다.

홍현민
joseph_hong@wycliffe.ca

예배가 증인을 만듭니다 (Worship forms mission)

크라이더 교수님은 7, 80년대 유럽에서 핵무기와 전쟁에 대한 논쟁이 한창일 때 선교사로 영국으로 가셨습니다. 초대교회 그리스도인들이 평화주의자였음을 알게 되면서 평화와 전쟁을 주제로 하는 토론에 참여하게 되셨습니다. 초대교회 그리스도인들의 평화주의에 대한 크라이더 교수님의 연구는 곁에서 초대교회의 예배를 연구하시는 엘리노어 사모님에 힘입어 초대교회의 예배로 확대되었고, 시간이 지날수록 초대교회에 관한 연구로 집중되었습니다. 크라이더 교수님의 초대교회 연구는 처음부터 통합적인 성격을 띠고 있었습니다. 초대교회에서 보여 준 전체론(wholism)을 분리하지 않고 연구하여 전달하고자 하셨습니다. 예를 들면, 예배와 전도, 그리고 윤리적 삶이 한데 어우러져 있는 것과 믿음과 행위, 그리고 소속감(Belief - Behavior - Belonging) 사이의 긴밀한 통합을 관찰한 그대로 전하고자 하셨습니다.

초대교회 그리스도인들의 예배와 전도, 그리고 윤리적 삶의 통합과 관련해서 크라이더 교수님은 이런 말씀을 하셨습니다. "초대교회 그리스도인들을 연구할수록 저는 신학교 도서관의 사서가 어디에 배열해야 할지 매우 난감해하는 책을 쓸 수밖에 없었습니다. 그들의 예배는 증인을 훈련하는 것이었고, 그들의 삶이 증인의 삶이었습니다. 초대교회 그리스도인들은 예배를 통해 그리스도인이 어떻게 살아야 하는지를 배웠고, 예배 때 배운 대로 살아감으로써 증인이 되었습니다. 그러므로 제가 초대교회 그리스도인들에 대해 배운 것을 책으로 출판하게 되면 그 책은 도서관의 예배 관련 책들 사이나, 전도/선교학 책들이 놓여 있는 곳, 혹은 기독교 윤리를 주제로 하는 책이 모여 있는 곳에 배열할 수도 있을 것입니다." 초대교회 그리스도인들의 삶은 예배와 전도, 그리고 윤리 영역으로 나누어진 삶이 아니었기에 지금과 같이 분리된 사고에 익숙한 (그리고 그런 삶을 사는) 현대 그리스도인들에게는 매우 낯선 것입니다.

크라이더 교수님의 이 말씀은 크리스토퍼 라이트(Christopher Wright) 목사님의 이야기를 생각나게 합니다. 라이트 목사님은 그의 책 "하나님 백성의 선교"에서 복음의 온전성을 설명하며 이런 이야기를 합니다. "하나님이 하나로 합쳐 놓으신 것을 우리는 갈라놓았다. 그러고 나서 우리는 애초에 갈라놓지 않았어야 했던 것들에 대해 그것들이 어떻게 '관련되는지' 분명히 설명하려고 애쓴다." 초대교회 그리스도인들은 그들의 삶을 통해 예배와 전도, 그리고 그리스도인의 삶은 애초에 갈라놓지 말아야 한다고 말합니다. 예배자는 예배 가운데 예배하는 분을 만나고 그 성품을 닮게 됩니다. 삼위일체의 세 위격(Person)을 설명할 때 "위격은 곧 관계(the person is the relation)"라고 설명하는 것을 들은 적이 있습니다. 관계로 존재하시는 세 위격인 성부 하나님과 성자 예수님, 그리고 성령님은 예배하는 자들을 그 관계 가운데로 초대하시고 세 위격을 알게 하심으로 닮게 하신다고 생각합니다.

초대교회 그리스도인들은 예배 가운데 성부 하나님으로부터 보냄 받은 예수님을 만났고, 또 그들을 세상으로 보내시며 주신 "심령이 가난한 자는… 애통하는 자는… 온유한 자는… 의에 주리고 목마른 자는… 긍휼히 여기는 자는… 마음이 청결한 자는… 화평케 하는 자는… 의를 위하여 박해를 받는 자는… 복이 있다"라는 예수님의 말씀을 암송했으며, 그 말씀을 실천한 형제자매의 이야기를 나누고, 서로 그렇게 살자고 격려하며 예수님이 드셨던 '그 잔'(The Cup)을 함께 마시고 다시 세상으로 나아갔던 것입니다. 초대교회 그리스도인들은 따로 전도 훈련을 하지 않았으며, 전도 이벤트를 가지지 않았습니다. 아니 가질 필요를 느끼지 못했던 것입니다. 그들이 예배하는 분과 깊은 관계로 들어가, 그 관계 가운데 예배하는 분의 성품을 덧입고, 그 덧입은 성품으로 세상 가운데서 살아가는 것이 자신들의 삶이라고 확신했기 때문입니다.

초대교회 예배 중 설교는 메시지의 선포가 아니라 모든 예배자가 함께 참여하여 예수님의 성육신과 삶, 죽음과 부활을 중심으로 한 삶의 방식을 나누는 것이었습니다. 지금 우리 예배의 관점에서 보면 산발적이고 무질서해 보이기도 합니다. 교인들이 겪는 삶의 특정 문제를 해결하려는 마음으로 나눔과 권면을 했고, 그리스도인으로서의 생활양식을 찾아가는 여행자들의 모습을 보였습니다. 나눔의 핵심은 그리스도의 사랑과 선행을 서로 격려하고 권면하는 것이었으며 그 중심에 예수님과 제자들이 어떻게 말하고 살았는지가 있었습니다. 크라이더 교수님은 초대교회 그리스도인들의 예배를 들여다 보면, 어느덧 그들의 성경적 윤리의 삶을 보게 되고, 곧이어서 그들의 선교적 삶을 보게 된다고 말씀하십니다. 결국 크라이더 교수님의 초대교회에 관한 책들은 예배, 전도/선교, 윤리 어느 한 부류에도 맞지 않고 또 이 세 부류 어느 곳에 놓더라도 문제가 되지 않게 됩니다.

초대교회 그리스도인들은 우리에게 질문합니다.

"여러분의 교회는 어떻게 전도를 훈련하나요?"

"여러분의 예배는 교인들을 증인으로 훈련하는데 충분하다고 생각하나요?"

"교회가 성장하려면 잘 짜인 전도 훈련이 있어야 한다고 생각하는 이유는 무엇인가요?"

거룩한 입맞춤(Holy kiss)에 관하여

"초대교회에 길을 묻다"에서 소개된 순교자 퍼피투아 이야기는 개신교에서는 거의 알려지지 않은 것처럼 보입니다. AD 200년경 북부 아프리카 카르타고에 있는 원형 경기장에서 처형당한 퍼피투아는 죽으면서 자신의 노예였던 펠리시타스와 다양한 사회적 배경의 그리스도인들에게 입맞춤하며 죽어갔습니다. 원형 경기장을 가득 메운 사람들은 순교자들이 완전한 평온함 가운데 죽어가는 것도 놀라웠지만, 귀족 출신의 여인이 천민 출신의 몸종과 가족도 아닌 남자들에게 입을 맞추는 모습에 매우 의아해했습니다. 모두에게 '저들의 입맞춤은 어디에서 기인한 것이며 무엇을 뜻하는 것일까?'라는 궁금증을 야기했던 것입니다.

입맞춤과 관련된 표현은 신약성경의 여러 곳에 나옵니다. 로마서에는 "너희가 거룩하게 입맞춤으로 서로 문안하라 그리스도의 모든 교회가 다 너희에게 문안하느니라"(16:16), 고린도전서에는 "모든 형제도 너희에게 문안하니 너희는 거룩하게 입맞춤으로 서로 문안하라"(16:20), 데살로니가전서에는 "거룩한 입맞춤으로 모든 형제에게 문안하라"(5:26), 그리고 베드로전서에는 "너희는 사랑의 입맞춤으로 서로 문안하라 그리스도 안에 있는 너희 모든 이에게 평강이 있을지어다"(5:14)라고 기록되어 있습니다.

초대교회 시대에 입맞춤은 사랑과 존경을 표시하고 평안을 기원하는 인사였습니다. 일반 사회에서 입맞춤은 같은 계층 안에서 또는 가족 안에서 행해졌습니다. 그런데 퍼피투아의 예에서 보듯이 초대교회는 다양한 계층 출신의 사람들로 구성되어 있었습니다. 입고 있는 옷만 보아도 계층이 확연하게 구별되고, 구도자로서 세례 전 교육을 처음 신청할 때 가장 먼저 묻는 말 중의 하나가 직업과 어느 주인에게 속한 노예인가임을 고려할 때 교회 구성원 각각의 출신 배경을 모든 교인이 알고 있었음이 분명합니다. 다양한 사회 경제적 배경의 사람들이 모인 예배 가운데, 성경 낭독과 말씀 나눔 이후에 진행되는 성찬의 앞부분에 입맞춤했던 것을 보게 됩니다. 모든 예배 가운데 성찬이 반드시 있었고 성찬의 앞부분에 입맞춤이 있었으니 초대교회 그리스도인들은 예배 때마다 '거룩한 입맞춤'으로 서로에게 문안했던 것입니다.

예배 때마다 그리스도 안에서 자매요 형제임을 확인하면서 나누었던 입맞춤은 초대교회 공동체가 새로운 질서와 문화의 공동체임을 확인하는 것이었습니다. 세상에서는 출신성분과 정치적, 사회적, 경제적 지위가 그 사람의 정체성을 형성하지만, 그리스도인들은 하나님과 완전한 화해 가운데 서로 간 화해가 이루어졌으며, 계층을 초월하는 평등한 공동체의 일원임을 입맞춤을 통해 확인하며 다짐했던 것입니다. 퍼피투아가 죽음 직전에 마지막으로 한 이 행동은 가정교회의 예배 가운데 반복적으로 깨우치고 실천했던 것으로 퍼피투아에게 아주 중요한 습관이 되었음은 물론, 자기 세계관의 기초가 되었던 것으로 보입니다.

초대교회 그리스도인들은
우리에게 질문합니다.

"여러분은 예배 가운데 어떤 것을 지속해서
반복하고 있으며 그중 여러분의 습관이 되고,
정체성을 형성하고, 세계관의 기초로 자리
잡은 것은 어떤 것입니까?"

손을 들고 기도하는 것에 관하여

크라이더 교수님의 초대교회 강의를 듣다 보면 "현재 우리가 거의 무의식적으로 반복하는 행위가 어디에서 시작되었을까? 혹시 어느 시점에 변화가 있었다면 변화를 촉발한 이유는 무엇이었을까?" 등을 생각하게 되는데 그중 하나가 기도하는 자세와 관련된 것입니다. 우리는 교회에서 예배 중 기도 순서가 되면 '눈을 감고', '(깍지를 끼든, 아니면 손바닥을 마주 보게 하든) 두 손을 모으고', '머리를 숙여' 기도를 합니다. 교회학교 예배를 인도하는 선생님은 "얘들아, 기도하자… 눈 감고… 두 손 모으고"라 말하며 기도를 인도하곤 합니다. 기도하시는 예수님을 그린 그림은 무릎을 꿇고, 손을 모으고(또는 손을 바위 위에 얹고), 시선은 하늘을 응시하거나 혹은 무릎을 향해 머리를 숙인 예수님을 묘사합니다.

성경의 여러 곳에서 기도하는 모습을 볼 수 있습니다. 머리를 숙이고 엎드리거나, 무릎을 꿇고 얼굴을 무릎 사이에 넣거나, 벽을 마주 보며 기도하기도 합니다. 그런데 여러 기도 자세 중 자주 나오는 기도 자세는 손을 들고 기도하는 모습입니다. 예를 들어, 시편 기자는 "내가 주의 지성소를 향하여 나의 손을 들고 주께 부르짖을 때에"(28:2), "… 밤에는 내 손을 들고 거두지 아니하였더니"(77:2), "또 내가 사랑하는 주의 계명들을 향하여 내 손을 들고"(119:48), "성소를 향하여 너희 손을 들고 여호와를 송축하라"(134:2)라고 하며, 에스라는 "… 무릎을 꿇고 하나님 여호와를 향하여 손을 들고… "(9:5) 기도했다고 하며, 느헤미야는 에스라가 율법 책을 낭독했을 때 "… 모든 백성이 손을 들고 아멘 아멘 하고 응답…"(느헤미야8:6)했다고 기록하고 있습니다.

초대교회 그리스도인들은 기도할 때 일어서서 손을 들고 기도했습니다. 세상 사람들은 무기를 사용하기 위해서 손을 들지만, 초대교회 그리스도인들이 손을 올릴 때 그 손에는 무기가 없습니다. 그들은 기도가 무기라고 생각했습니다. 터툴리안은 "기도는 죽음의 계곡에 있는 영혼을 불러내고, 연약한 자를 회복하고, 병자를 고치고, 귀신에 사로잡힌 자를 깨끗게 하며, 감옥의 문을 열며, 무고한 자의 결박을 풀어준다. 기도는 믿음의 산성이고 우리를 보호하는 무기이다"라고 이야기했습니다. 크라이더 교수님이 강의 때 보여 주신 초대교회와 관련한 그림에는 풀무불 가운데 있는 다니엘의 세 친구 그림과 헬라어로 에이레네('평화'라는 뜻)라고 쓰인 글씨 옆에 서 있는 소녀의 그림, 제자들을 가르치는 예수님의 그림이 있었는데, 이 그림들에 나오는 인물들의 공통점은 모두가 하늘을 향해 손을 들고 있다는 점이었습니다.

초대교회 그리스도인들은 우리에게 질문합니다.

"여러분은 왜 그런 자세로 기도하나요?"

"여러분은 기도가 세상을 대항하는 가장 강력한 무기라고 생각하나요?"

인내

크라이더 교수님의 유고작은 베이커 아카데믹 출판사가 2016년에 펴낸 "초기 교회와 인내의 발효"(Patient Ferment: The Improbable Growth of the Early Church)입니다. 이 책의 주제는 초대교회의 '인내'입니다. 크라이더 교수님과의 인터뷰 중 교수님의 연구를 요약해 달라는 저희의 질문에 크라이더 교수님은 이렇게 답하셨습니다. "내가 하나님으로 받은 선물 중 하나는 인내를 강조하신 것입니다." 이렇게 말씀하시면서 요즘 학자들이 초대 그리스도인이었던 어거스틴과 키프리안 그리고 터툴리안이 쓴 '인내에 관하여', '인내의 선함에 대하여', '인내'의 글에 아무도 관심을 갖고 있지 않는 것에 놀랍다고 말씀하셨습니다. 30년을 넘게 초대교회를 연구한 교회 역사가에게 그 오랜 기간의 연구를 요약하는 표현으로 "인내"를 듣게 되는 것은 뜻밖이었습니다. 유고작이 된 책의 제목이 인내와 더불어 "효소"라는 표현을 담고 있는 것도 주목해야 합니다.

크라이더 교수님이 쓰신 글 중 '소금과 빛'에 관한 글이 있습니다. 교수님은 제자들을 소금이라고 비유한 것에 대하여, 현대의 그리스도인 대부분은 방부제로서 소금의 역할로 이해하는 것에 문제를 제기하면서, 당신의 생각에는 비료로서 소금으로 이해하는 것이 더 적절해 보인다고 말씀하셨습니다. 교수님은 예수님께서 주신 하나님 나라에 대한 가르침은 방어적이라기보다 창의적이고, 상상력을 유도하고, 희망을 주는 것이며, 하나님의 나라는 예수님과 예수님을 따르는 자를 통해서 세상으로 흘러 들어가는 것으로 보는 것이 맞는다고 하셨습니다. 서구의 여러 나라와 같이 크리스텐덤의 끝자락에 있는 곳에서는 그리스도인을 방부제로서 소금에 비유하는 것이 잘 맞는 것처럼 보일지 모르지만, 예수님의 공생애 시기와 초대교회 그리스도인들에게는 비료로서의 소금이 땅에 떨어져 서서히 땅을 비옥하게 하는 것처럼 하나님의 나라를 세상에 퍼뜨리는 그리스도인을 이야기한 것으로 보는 것이 더 맞는 해석이라는 말씀입니다. 크라이더 교수님에게 효소는 하나님이시고 또한 하나님의 백성인 그리스도인이었습니다. 하나님께서는 효소와 같이 참고, 기다리고, 서서히 일하는 분이시며 하나님의 나라는 그렇게 이루어진다는 생각을 담아 책의 제목을 "초기 교회와 인내의 발효"라고 하셨던 것입니다.

이런 이야기를 드리는 이유는 크라이더 교수님에게 "천천히"는 매우 중요한 주제였고 삶의 실천 덕목이었기 때문입니다. 하나님께서 효소와 같이 천천히 전체를 발효시키는 것처럼 하나님의 백성도 천천히 모든 일상에서 하나님의 나라를 드러내야 한다고 말씀하십니다. 오랫동안 하나님의 인내에 대해 묵상하던 교수님에게 크리스토퍼 스미스가 쓴 책 "Slow Church"는 그 생각을 확고하게 해 주었다고 합니다. 크라이더 교수님에게 하나님의 인내, 효소, 느림, 소금은 서로 깊이 연관된 개념입니다.

느림을 생활에서 실천하시는 교수님의 모습은 여러 곳에서 관찰할 수 있었습니다. 엘리노어 사모님에 의하면 교수님의 이웃들은 교수님이 학교를 걸어서 출퇴근하는 모습을 보며 의아해했으며, 집 앞 잔디의 잡초를 제거하는 작업도 제초제를 써서 쉽고 빠르게 하지 않고 늘 손으로 뽑는 모습을 보며 궁금해했다고 합니다. 또 이런 일화도 있습니다. 2015년에 태국 방콕에서 개최한 아시아-태평양 지역 선교사 세미나에 크라이더 교수님을 강사로 초청했습니다. 칠순이 넘으신 교수님이 미국 인디애나에서 아시아의 한 곳을 거쳐 태국으로 여행하시는 것을 고려하여, 마땅히 방콕 공항에서 영접하겠다고 말씀드렸더니 의외로 정중하게 거절하시면서 이런 부탁을 하셨습니다. "태국 공항에서 호텔까지 걸어갈 수 있는 거리인가요? 만일 그렇지 않다면 대중교통을 이용해서 가장 천천히 가는 방법을 말해 주세요." 대중교통을 이용해서 가장 천천히? 크라이더 교수님의 이메일을 읽는 저는 제 눈을 의심했습니다. 칠순의 어른이 20시간이 넘는 비행을 한 후, 현지어도 구사하지 못하는 입장이면, 누군가의 영접을 받고 가장 빠른 교통수단으로 호텔에 도착해서 쉬는 것이 대부분 사람의 바람일 텐데…결국 교수님은 몇 시간이 걸려서 호텔에 나타나셔서 긴 비행과 공항에서 호텔로의 이동이 어떠했느냐는 질문에 소년의 미소와 같은 미소를 지으면서 "비행은 길어서 좀 힘들었고, 공항에서 호텔로의 이동은 아주 흥미로웠어요. 나는 방콕을 볼 수 있었고 많은 태국 사람들을 만났답니다"라고 말씀하셨습니다.

크라이더 교수님의 '인내'와 '천천히'는 초대교회 그리스도인들에 대해 연구하시면서 그들로부터 배운 덕목이었습니다. 온 세상에 예수님을 전하고 싶은 열망이 오히려 그들로 하여금 인내하게 했고 효소처럼, 밭에 뿌려진 소금처럼 천천히 스며들어 밀가루 반죽과 땅을 변하게 했습니다. 크라이더 교수님은 "초기 그리스도인들이 중요하다고 생각했던 인내를 연구하며 너의 연구가 어떤 변화를 가져오는지 보라"는 하나님의 말씀을 마음에 간직하며 30년이 넘게 초대교회를 연구하셨습니다.

초대교회 그리스도인들은
우리에게 질문합니다.

"하나님이 인내하는 하나님이심을 아시나요?"

"당신과 당신의 교회는 어떤 면에서
인내의 하나님을 닮았나요?"

"기다림이 수동적인 것으로 생각하시나요,
아니면 피조물이 가질 수 있는 가장 겸손하고
능동적인 태도라고 생각하시나요?"

거주민이지만 나그네

"초대교회에 길을 묻다"로 번역된 책의 원제는 "Resident But Alien, 거주민이지만 나그네"입니다. 크라이더 교수님은 이것이 초대교회 그리스도인을 가장 잘 표현한 것으로 생각하셨습니다. 이것은 옥시모론[3] (Oxymoron)적인 표현입니다. 어느 한 장소에 거주하고 있지만, 이방인 또는 나그네란 뜻입니다. 초대교회 그리스도인들은 로마 제국의 영토 안에 사는 거주민이었지만 로마 문화와 세계관에 속하지 않은 나그네로 살았습니다. 그들은 로마의 여느 사람들처럼 입고, 먹고, 일하며 살았지만 그들의 정체성과 가치관은 전혀 달랐습니다. 이와 관련하여 베드로는 이렇게 가르쳤습니다. "사랑하는 자들아 거류민과 나그네 같은 너희를 권하노니 영혼을 거슬러 싸우는 육체의 정욕을 제어하라 너희가 이방인 중에서 행실을 선하게 가져 너희를 악행한다고 비방하는 자들로 하여금 너희 선한 일을 보고 오시는 날에 하나님께 영광을 돌리게 하려 함이라."(베드로전서 2:11-12)

스코틀랜드 선교학자 앤드류 월스(Andrew Walls)는 교회 역사를 살펴보면 두 개의 대립하는 원리가 서로 부딪히는 역사였는데 그 이유는 이 두 원리가 다 복음에 기인하기 때문이라고 말합니다. 그가 말하는 두 원리는 '토착화의 원리(The Indigenizing principle)'와 '순례자의 원리(The Pilgrim Principle)'입니다. 토착화의 원리는 모든 그리스도인이 그리스도를 따르겠다고 했을 때 문화 진공 상태로 옮겨 가서 살게 되는 것이 아니며, 모든 그리스도인과 교회는 '문화 그리스도인'이며 '문화 교회'라는 것입니다. 그러나 토착화의 원리와 함께 순례자의 원리도 있습니다. 교회 역사를 살펴보면 하나님께서

---

3) 수사학 용어로 '모순'을 뜻함. 뜻이 대립하는 어구를 나열함으로써 새로운 의미를 노리는 수사법

는 문화 가운데 사는 사람들을 그대로 받아 주시면서도 동시에 그들을 하나님이 원하시는 사람들로 변화시키기 원하십니다. 하나님께서는 그리스도를 신실하게 따르는 자들에게 토착화의 원리와 함께 그들이 속한 사회에 정주(定住)하지 않는 순례자의 원리도 함께 제시해오셨습니다. 요약하면 그리스도인들은, 위에서 이야기한 것처럼, '거주민이자 나그네'로 살아간다는 것입니다. 복음은 모든 지역 문화로 번역할 수 있으면서 동시에 모든 지역 문화를 변화시킵니다. 이 표현을 그리스도인에게 적용하면 그리스도인은 모든 지역 문화 가운데에서 그 문화가 자신의 문화인 것처럼 살아야 하며 또한 동시에 그 문화를 하나님의 가르침으로 변혁하는 삶을 살아야 한다고 할 수 있습니다.

크라이더 교수님은 그리스도인들은 늘 '거주민이지만 나그네'로서의 선언을 해야 한다고 가르치셨습니다. '거주민이지만 나그네'로서 할 수 있는 선언의 예를 들면, "나는 운전을 합니다. 그러나…", "나는 정원을 가꿉니다. 그러나…", "나는 인터넷을 사용합니다. 그러나…"와 같은 문장입니다. 앞부분은 토속 문화 가운데의 삶을 반영하지만 '그러나' 다음에는 대항 문화적인(Counter-cultural) 선언이 뒤따라야 합니다. 초대교회 그리스도인들은 그들만의 도시에서 살지도 않고 그들만의 언어를 사용하지도 않았으며 의복이나 음식 등 삶의 방식도 특별한 것이 없었습니다. 그러나 동시에 그들은 아주 두드러지고 독특한 자신들만의 살아가는 방식이 있었습니다.

초대교회 그리스도인들은
우리에게 질문합니다.

"여러분은 주변 사람들과 어떻게 동화되어
있으며 어떤 면에서 뚜렷하게 구별되고
있습니까?"

"여러분의 일상 속에서
'거주민이지만 나그네'로서의 선언은
어떤 것들입니까?"

생명을 주는 일탈

크라이더 교수님과의 인터뷰 중 교수님은 "초대교회 그리스도인들의 삶이 설명과 해석이 필요한 삶이었다(The life of early Christians invited apology)"라고 말씀하셨습니다. 초대교회 그리스도인들의 삶은 주변인들로 하여금 "왜 이렇게(또는 그렇게) 사나요?"라는 질문을 하게 한다는 것입니다. 초대교회 그리스도인들은 버려진 여자아이를 입양하여 키우는 것, 장례를 치를 비용이 없는 사람들에게 제대로 된 장례를 치러 주는 것, 여행하는 그리스도인들에게 머물 곳을 제공하는 것, 전염병이 극심한 마을을 떠나지 않고 이전에 자신들을 핍박하던 사람들을 돌보는 것을 실천함으로 주변인들이 "왜 이런 일을 하나요?"라는 질문을 하게 만드는 '일탈의 삶'을 살았습니다. 어떻게 이런 삶을 살 수 있었을까요? 그것은 "하나님이 우리에게 베푸신 수준의 자비를 행하고, 원수를 사랑하며, 박해하는 자들의 구원을 위해 기도하는 자만이 온전해질 수 있다"는 예배 때의 가르침을 실천함으로써 가능했다고 생각합니다.

여자아이를 버리는 일이 흔했던 로마제국에서 버려진 여자아이를 거두어다가 키우는 일은 다른 사람들이 보기에 일탈이었습니다. 그리고 로마 시대에 흔했던 장례상조회에 가입할 여유가 없는 사람이 사망하면 그 가족은 장례를 치르지 못하고 시체를 공동묘지에 버리게 되는데, 이때 그 시체를 가져다가 카타콤이라 불리는 지하 공동묘지에 묻어 주는 것도 소문이 퍼질 수밖에 없는 일탈이었습니다. AD 251년 카르타고 지역에 역병이 창궐했을 때 인구의 1/3이 죽고 조금이라도 여유가 있는 사람들은 마을을 떠날 때 병든 이웃을 돌보며 죽기까지 사랑했던 사람들은 초대교회 그리스도인들이었습니다. 자신의 삶을 내어 줌으로써 다른 사람의 생명을 살리는 일탈이었습니다. 이런 모습을 본 이교도 사람들은 이처럼 자비를 실천하는 이유를 묻지 않을 수 없었던 것입니다.

조슈아 집(Joshua W. Jibb)은 "환대와 구원"(Saved by Faith and Hospitality)에서 하나님께서는 환대의 하나님이시며, 그 환대로 인해 하나님의 자녀가 된 사람들에게 다른 이들을 향하여 같은 환대를 실천하라고 하신다고 말합니다. 환대는 낯선 이를 손님으로 바꾸고, 자신의 집을 낯선 이를 환영하는 안전한 공간으로 바꾸는 것이라고 합니다. 초대교회 그리스도인들은 하나님의 환대의 성품을 실천하는 사람들이었습니다. 로마제국의 그리스도인들은 다른 사람들과 마찬가지로 상업을 위해 다른 지역으로 여행했습니다. 다른 지역으로 여행하는 그리스도인들은 여행지 그리스도인들의 집을 찾아갔고, 그 지역의 그리스도인들은 여행자를 반갑게 맞으며 환대를 했다고 합니다. 그리스도인들의 집에 낯선 사람이 들어가는 것을 보는 이교도들은 문란한 성생활을 연상했을 수도 있지만, 그리스도인들은 "자신의 집을 다른 사람들에게 제공하지만, 침대를 더럽히는 일이 없는" 환대를 실천했던 것입니다. "환대"의 덕목은 현대 그리스도인들의 삶 속에서 자취를 감춘 덕목인 것처럼 보입니다. 환대는 요한삼서에 기록된 대로 "형제 곧 나그네 된 자들에게 행하는 것"(5절) 특별히 "주의 이름을 위하여 나가서 이방인에게 아무것도 받지 아니"(7절)하는 이들에게 당연히 실천해야 하는 덕목이라 생각합니다. 왜냐하면 "이같은 자들을 영접하는 것이… 우리로 진리를 위하여 함께 일하는 자가 되게"(8절)하기 때문입니다. 우리나라를 찾아온 난민들을, 새터민들을, 외국인 노동자들을, 유학생들을, 그리고 복음을 전하기 위해 타 문화권에 갔다가 돌아온 선교사들을 환대하는 것은 그리스도인들이 반드시 실천해야 할 덕목이며 그럴 때야 비로소 복음의 가시성과 신뢰성이 세상에 제시되는 것으로 생각합니다.

초대교회 그리스도인들은
우리에게 질문합니다.

"여러분은 세상에서 어떤 사람들로
여겨지고 있나요?"

"여러분은 관대하고 친절한 사람
그리고 용서하는 사람으로 알려져 있나요?"

새 교우가 예배에 참여하기까지

크라이더 교수님의 "초대교회에 길을 묻다"와 "초기 교회와 인내의 발효"(The Patient Ferment of the Early Church: The Improbable Rise of Christianity in the Roman Empire)에서 가장 놀라운 이야기는 단연 초대교회에서 정식 교인이 되는 과정이라고 할 수 있습니다. 정식 교인이 되고자 하는 마음을 품고, 이미 교인이 된 사람을 통해 교회 지도자를 만난 후 세례를 받고, 예배에 처음 참여하기까지 적어도 3년의 기간이 소요되었다는 사실은 현대 그리스도인들에게 시사하는 바가 아주 많습니다. "초기 교회와 인내의 발효"의 6장에서 자세히 설명하고 있는 교인이 되는 과정을 옮겨보면 다음과 같습니다.

습관을 바꾸기 위한 초대교회의 훈련
'사도의 전승'(주로 3세기): 회심의 4단계

1. 전도

그리스도인 만남과 후견인 찾기
수 년 또는 수 개월

1차 정밀 조사 : 관계와 직업

2. 세례준비 훈련

말씀 듣기
"성품"이 형성 될 때까지

2차 정밀 조사 : 습관과 성품

3. 세례 준비

복음 듣기
몇 주에서 수 개월

3차 정밀 조사 : 축귀 (퇴마)

4. 세례

새 노래 부르기
일생

크라이더 교수님은 초대교회 때 이루어진 새 교인 훈련 과정은 유명한 '사도의 전승'(Apostolic Tradition)이란 글에 잘 기록되어 있다고 하십니다. 이 '사도의 전승'은 한 사람이나 여러 사람에 의해 쓰인 글도, 한 지역 교회 공동체의 기록도 아니라고 생각합니다. 지금 우리에게 전해 내려오는 '사도의 전승'은 2세기 중엽부터 4세기 초까지 150여 년에 걸쳐 점차 모인 자료로서, 초대교회 그리스도인들의 실천에 대해 명확한 주장을 할 때는 조심해야 하지만, 자세한 정보를 내포하고 있어 초대교회를 이해하는 데 큰 도움을 주는 자료임에는 분명합니다.

세례 준비를 위한 훈련 기간에 대해 '사도의 전승'은 "세례 학습자가 3년 동안 말씀을 듣도록 하라"라고 기록하고 있습니다. 물론 세례 학습자가 잘 준비되었을 때에는 3년보다 적게 걸렸을 것입니다. 세례 훈련을 마치고 세례 준비로 넘어가는 결정을 내리는 데 있어서 중요한 기준은 3년이라는 시간이 아니라, 세례 후보자 안에 그리스도의 성품이 형성되는 심오한 존재론적 변화가 있느냐는 것이었습니다. 복음을 지적, 개념적으로 이해하는 것에 머물지 않고, 그리스도를 닮은 모습이 삶의 습관이 되어 성품으로 자리 잡을 때야 비로소 세례를 받을 준비가 되었다고 간주했던 것입니다.

초대교회 교인이 되는 과정에서 한 가지 더 짚고 넘어가야 할 점은 초대교회의 예배는 정식 교인들만의 예배였기에 세례 준비를 위해 훈련하는 3년 동안 세례 준비자는 예배에 참석할 수 없었다는 것입니다. 3년의 훈련을 거쳐 그리스도의 성품이 형성되고 복음의 실천이 습관으로 자리 잡은 후에야 비로소 예배에 참여할 수 있었습니다. 3년의 훈련 과정을 거치고, 부활절 아침에 세례를 받은 후, 예배 장소로 들어가 '거룩한 입맞춤'을 나눈 후 생애 첫 예배를 드리는 새 교인의 감격을 상상해 보십시오!

초대교회 그리스도인들은 우리에게 질문합니다.

"여러분의 교회는 교인이 되는 과정 중에 세례 후보자가 그리스도의 성품이 형성되어 있고, 복음을 실천하며 살고 있는지를 묻고 확인하나요?"

"여러분의 교회는 아직 세례를 받지 않은 사람이 예배에 참여하는 것에 대해 어떻게 생각하나요?"

다중 음성 예배 (Multi-voiced worship)

초대교회 예배의 특징은 교인들만의 예배, 허기를 채우는 식사와 빵과 포도주의 성찬이 함께 있는 것, 일어서서 손을 들고 하는 기도, 거룩한 입맞춤, 메시지의 선포가 아닌 생활 양식을 담은 말씀, 공동체의 말씀 해석, 그리고 다양한 목소리가 어우러진 예배 등을 들 수 있습니다. 크라이더 교수님 내외분은 두 분의 공저 "크리스텐덤 이후 예배와 선교"(Worship & Mission after Christendom, Herald Press, 2011)에서 초대교회의 다중 음성 예배에 대해 자세히 기록하고 있으며, 교수님 부부의 친구인 시안과 스튜어트 머레이 윌리암즈(Sian and Stuart Murray-Williams) 부부도 "모두의 힘: 다중 음성 교회 세워 가기"(The Power of All: Building a Multivoiced Church)에서 교수님의 초대교회 예배 연구를 인용하며 이 주제를 논의하는 데 많은 지면을 할애하고 있습니다. 크라이더 교수님에 의하면 크리스텐덤이 시작되기 전, 몇 세기 동안 고린도전서 11장부터 14장에 바울이 묘사하고 있는 다중 음성 예배가 많은 교회의 일반적인 예배였다고 합니다. "형제들아 너희가 모일 때에 각각 찬송시도 있으며 가르치는 말씀도 있으며 계시도 있으며 방언도 있으며 통역함도 있나니"(고전 14:26) 말씀은 당시 예배를 드리는 개개인이 예배에서 시와 찬미, 말씀, 계시, 방언과 통역을 했음을 알려줍니다. 이처럼 다중 음성 예배는 예배자들이 다양한 방법으로 직접 참여하며 드리는 예배이며, 예배자들은 하나님께서 그들 중 누구에게나 말씀하시고 역사하신다고 기대합니다. 여러 사람의 예배 인도를 통해 다른 관점, 다양한 통찰력과 경험,

그리고 해석을 공동체에 제시하는 이런 형태의 예배가 초대교회 때 드렸던 예배입니다.

크라이더 교수님은 다중 음성 예배가 사라진 이유는 예배 시간이 저녁에서 아침으로 옮겨졌고, 극심한 핍박으로 인해 저녁 예배가 없어졌으며, 크리스텐덤이 시작되면서 많은 사람이 예배에 참석하게 되었기 때문이라고 봅니다. 예배 연구가 폴 브래드셔(Paul Bradshaw)는 기독교가 합법화되면서 교회로 몰려 들어온 회심하지 않은 교인들로 인해 예배가 '목회자화(Clericalization)'됨으로써 교인의 예배 참여가 움츠러들고, 목회자의 예배 인도로 성령의 역사에 의존하는 즉흥성보다는 예배의 표준화를 낳게 되었다고 주장합니다. 정식 교인이 아닌 사람들의 예배 참여와 그로 인한 예배자의 수적 증가가 다중 음성 예배를 사라지게 했다고 봅니다.

크라이더 교수님 강의의 독특함은 강의 내용에도 있지만, 강의 방법에도 있습니다. 30년을 넘게 연구해 오신 초대교회 그리스도인들의 삶의 이야기를 아내와 함께 이야기하기 좋아하시고, 또 이야기를 듣는 이들과 함께 이야기를 꾸며가고 싶어 하십니다. 모임에 사모님이 함께 계실 때에는, 특히 주제가 초대교회의 예배인 경우, 두 분이 함께 서서 한 사람이 먼저 이야기를 하고 어느 시점에서 멈추면 다른 한 사람이 그 멈춘 곳에서 이야기를 연결해서 진행하십니다. 어디에서 멈추겠다고 미리 약속하시거나 시나리오를 꾸민 것도 아닌데도, 때로는 한 사람의 이야기를 보충하기도 하고, 때로는 다른 면을 부각하기도 하고, 때로는 한 사람이 나눈 이론적인 이야기를 다음 사람은 삶의 적용 문제를 이야기하면서, 주고받고 또 받고 주고 하면서 이야기를 연결해 가십니다. 그 모습이 얼마나 아름다웠던지요! 이야기를 꾸며 나가시는 것을 두 분만 하시는 것은 아닙니다. 크라이더 교수님은 교회 역사가이시기에 강의 내용의 많은 부분이 역사 문서의 인용입니다. 역사 문서의 인용 부분이 나오면 청중에게 그 부분을 읽어 달라고 부탁하시고, 인용문을 읽은 후에는 "What do you see here? What stands out to you?"(이 글에서 어떤 것이 보이나요? 어떤 내용이 눈에 뜨이나요?)라 물어보시며 시간을 넉넉하게 주고 답을 기다리십니다. 교수님은 역사학자답게 "역사 문서가 말하게 하십시오(Let the historic documents speak!)."라는 원리를 실천하는 동시에 "다중음성 예배" 공동체의 해석 원리를 실천하는 분이셨습니다.

초대교회 그리스도인들은
우리에게 질문합니다.

"우리는 모두 함께 예배드렸습니다.
시와 찬미와 기도, 그리고 말씀 읽기와
해석과 적용, 성찬과 만찬의 준비와 진행 모두
함께했습니다. 여러분의 예배는 어떤가요?"

"우리는 예배 가운데 성령님의 임재와 역사를
존중합니다.
이 존중이 즉흥적인 것처럼 보이고, 무질서해
보이기도 하지만 우리는 그것을 좋아하고
또 기다립니다. 여러분은 어떠신가요?"

마치면서: 공시적 대화(Synchronic dialogue)와 통시적 대화(Diachronic dialogue)의 필요에 관하여

그리스도인들은 모두 삼위일체의 관계로 부름을 받았으며, 교회의 머리 되신 그리스도의 몸으로 부름을 받았습니다. 이것은 모든 그리스도인은 현재 세계의 여러 곳에 있는 그리스도인들과의 관계로 부름을 받았으며, 또한 시간을 거슬러서 역사적으로 세계의 이곳저곳에 존재했던 그리스도인들과의 관계로 부름을 받았다는 뜻입니다. 동시대를 살아가는 그리스도인들은 교단과 문화를 넘어서 함께 대화하며 예배해야 합니다. 한쪽에서 자신들이 이해한 하나님을 이야기할 때 다른 쪽의 사람들은 경청해야 합니다. 또한 긴 역사 가운데 존재했던 그리스도인들의 이야기를 들으며 질문을 하기도, 그들의 질문에 답을 하기도 해야 합니다. 아버지, 어머니와만 이야기하고 형제·자매 사이에 대화가 없는 모습을 보는 부모의 마음을 생각해 보시기 바랍니다. 공시적 대화를 하는 사람들은 통시적 대화를 하게 마련입니다. 자신들의 이야기를 하다 보면 조상의 이야기와 역사를 이야기할 수밖에 없습니다. 또한 통시적 대화는 공시적 대화로 연결될 수밖에 없습니다. 하나님 자녀들의 대화는 부모 사랑이고 존중이며 예배라고 생각합니다. 초대교회 그리스도인들과의 대화에 오신 여러분을 환영합니다. 이 통시적 대화가 풍성한 공시적 대화로 연결될 것을 믿습니다.

초대교회 연구 자료 목록

크라이더 교수님의 초대교회 연구 자료를 접한 후, 저는 교수님의 도움을 얻어 초대교회 연구를 조금 더 깊이 하기로 결정하고 크라이더 교수님에게 개인적인 연구 지도를 허락받은 후, 다음과 같은 연구 질문을 포함하는 연구 제안서를 제출하였습니다.

연구 질문

1. 초대교회는 어떤 방법으로 그리고 어떤 관점에서 세상 가운데에서 세상과 선교적 대화를 하였나?

2. 관련 상세 질문들:

   a. 초대교회 그리스도인들은 교회를 무엇이라고 이해하였나?

   b. 초대교회 그리스도인들이 이해한 회심의 개념은 무엇이었으며 왜 그렇게 이해하였는가?

   c. 초대교회의 제자훈련은 어떤 내용이었는가?

   d. 초대교회 그리스도인들에게 하나님의 선교에 참여한다는 것은 어떤 의미였는가?

   e. 초대교회 그리스도인들에게 예배와 선교의 관계는 무엇이었는가?

이런 내용의 연구 질문과 연구 접근 방법 그리고 일정을 포함한 제안서를 받아 보신 크라이더 교수님은 1차로 읽었으면 좋을 자료 목록을 보내 주셨습니다. 크라이더 교수님이 보내 주신 참고도서 목록을 이 책의 독자분들에게 공개합니다. 이 자료를 공유하는 목적은 초대교회에 관한 연구는 한국 교회 그리고 더 나아가 모든 그리스도인들이 함께 지속적으로 해 나가야 하는 것이라고 생각하기 때문입니다. "초대교회에 길을 묻다" 책 발간 후 더 깊은 연구를 위한 참고 자료를 물어 오신 독자분들에게도 정리된 답변을 제공할 기회를 갖게 되어서 기쁩니다.

홍현민 올림

Bibliography for Hyunmin(Joseph) Hong: Initial Proposals

Alan Kreider, Nov 11, 2015

General: Early Church

*Burrus, Virginia, ed. *Late Ancient Christianity: A People's History of Christianity*, vol 2. Minneapolis: Augsburg Fortress, 2005.

*Chadwick, Henry. *The Early Church*. New York/Harmondsworth, Middlesex: Penguin Books, 1967.

Frend, W.H.C. *The Rise of Christianity*. Philadelphia: Fortress Press, 1984.

Lane Fox, Robin. *Pagans and Christians*. San Francisco: Harper & Row, 1986.

Stevenson, J., ed. *A New Eusebius: Documents Illustrating the History of the Church to Ad 337*. rev ed. London: SPCK, 1987.

Growth of the Early Church

Bediako, Kwame. *Theology and Identity: The Impact of Culture Upon Christian Thought in the Second Century and in Modern Africa*. Oxford: Regnum Books, 1992.

Green, Michael. *Evangelism in the Early Church*. London: Hodder and Stoughton, 1970; Grand Rapids: Eerdmans, 2002.

Hinson, E. Glenn. *The Evangelization of the Roman Empire: Identity and Adaptability*. Macon, GA: Mercer University Press, 1981.

*Kreider, Alan. *The Patient Ferment of the Early Church: The Improbable Rise of Christianity in the Roman Empire*. Grand Rapids: Baker Academic, 2016.

*MacMullen, Ramsay. *Christianizing the Roman Empire (A.D. 100 - 400)*. New Haven: Yale University Press, 1984.

*Stark, Rodney. *The Rise of Christianity: A Sociologist Reconsiders History*. Princeton: Princeton University Press, 1996.

Wilken, Robert. *The Christians as the Romans Saw Them*. New Haven: Yale University Press, 1984.

Basic Missiological Framework - Inculturation

Walls, Andrew. "*The Gospel as the Prisoner and Liberator of Culture.*" Missionalia 10 (1982): 93-105.

*Walls, Andrew F. *The Missionary Movement in Christian History: Studies in the Transmission of Faith*. Maryknoll, NY: Orbis Books, 1996.

Walls, Andrew F. "*Eusebius Tries Again: Reconceiving the Study of Christian History.*" International Bulletin of Missionary Research 24, no 3 (2000): 105-11.

Missiological Dialogues: Relating to the Non-Christian World

Art – use of pagan symbols, creation of new art

Jensen, Robin Margaret. *Understanding Early Christian Art*. London/New York: Routledge, 2000.

Conversion: what is conversion? Should conversion be quick or deliberate?

Kreider, Alan. *The Change of Conversion and the Origin of Christendom.* Christian Mission and Modern Culture. Harrisburg, PA: Trinity Press International, 1999; Eugene, OR: Wipf and Stock, 2006.

Identity: family versus the Christian family; local allegiance versus a universal church

Diognetus, Epistle to

Idolatry – how avoid?

Tertullian, On Idolatry

Jesus and his Teaching: how relevant? To be adapted for the sake of communicating to non-Christian society?

Violence and Killing: Abortion, War, Exposure of Infants, Capital Punishment – adapt, accommodate, resist?

Sider, Ronald J., ed. *The Early Church on Killing: A Comprehensive Sourcebook on War, Abortion, and Capital Punishment.* Grand Rapids, MI: Baker Academic, 2012.

Non-Christian (pagan) learning/education – how do Christians relate to it?

Kreider, Alan. "Mission and Violence: Inculturation in the Fourth Century - Basil and Ambrose." In *Mission in Context: Explorations Inspired by J. Andrew Kirk,* edited by John Corrie and Cathy Ross. 201-16. Farnham, Surrey: Ashgate, 2012.

Popular Entertainment – attend "games" in the amphitheaters? Attend only some of them? Boycott them?

Tertullian, *On the Spectacles*

Popular Folk (Religious) Activities: Refrigeria/Funerary Meals – attend these, avoid these, Christianize them?

Jensen, Robin M. "Dining with the Dead: From the Mensa to the Altar in Christian Late Antiquity." In *Commemorating the Dead: Texts and Artifacts in Context. Studies of Roman, Jewish, and Christian Burials,* edited by Laurie Brink, OP and Deborah Green. 107-44. Berlin/New York: Walter de Gruyter, 2008.

MacMullen, Ramsay. *The Second Church: Popular Christianity A.D. 200-400.* SBL Writings from the Greco-Roman World Supplement Series 1. Atlanta: Society of Biblical Literature, 2009.

Theological interaction with the wider culture

Bediako, Kwame. *Theology and Identity: The Impact of Culture Upon Christian Thought in the Second Century and in Modern Africa.* Oxford: Regnum Books, 1992.

Women/Men: relationships reflect society, challenge society?

Cooper, Kate. *Band of Angels: The Forgotten World of Early Christian Women.* New York: Overlook Press, 2014.

Robert, Dana L. "World Christianity as a Women's Movement." *International Bulletin of Missionary Research* 30.4 (2006): 180-88.

Trevett, Christine. *Christian Women and the Time of the Apostolic Fathers (Ad C.80-160): Corinth, Rome and Asia Minor.* Cardiff: University of Wales Press, 2006.

Tertullian, *To His Wife*

Christian Identities

Rebillard, Éric. *Christians and Their Many Identities in Late Antiquity, North Africa, 200-450 CE. Ithaca,* NY: Cornell University Press, 2012.

The Church

Halton, Thomas. *The Church.* Message of the Fathers of the Church. Vol. 4. Wilmington, DE: Michael Glazier, 1985.

한국에서 출간된 크라이더 부부의 저서

(2022년 1월 1일 현재)

- **알랜 크라이더, 엘리노어 크라이더, "평화 교회"**
  고영욱, 김경중 옮김 (대장간, 2021).

- **알랜 크라이더, "초기 교회와 인내의 발효"**
  김광남 옮김 (IVP, 2021)

- **엘리노어 크라이더, "성품을 빚는 성찬"**
  여정훈, 황의무, 박진성 옮김 (대장간, 2020)

- **알랜 크라이더, "초대교회에 길을 묻다"**
  홍현민 옮김 (하늘씨앗, 2019)

- **알랜 크라이더, "초기 기독교의 예배와 복음전도"**
  허현, 고학준 옮김 (대장간, 2019)

- **알랜 크라이더, "회심의 변질"**
  신광은, 박삼종, 이성하, 전남식 옮김 (대장간, 2012)

하늘씨앗

하늘씨앗은 많이 팔 수 있는 책이 아닌 꼭 필요한 책을 출간하기 위해 수익의 전부와 성도의 후원금을 출판을 위해 사용하기로 뜻을 세웠습니다. 이 책은 그 결과물입니다.

설립 목적

하늘씨앗의 설립 목적은 사도와 선지자의 터 위에 세우신 교회와 '교회의 팔'인 선교 단체 등 신앙공동체를 지원하고 연결하는 것입니다. 특히 우리는 작은 교회, 작은 선교 단체, 작은 공동체를 돕는 일에 헌신하였습니다.

사역

연구: 성경과 사도의 전승을 연구하여 시대를 향한 하나님의 뜻을 발견한다.

출판: 연구의 결과물을 출판한다.

교육: 말씀과 영성으로 준비된 영적 인도자를 양성하고 배출한다.

연결: 영적 각성의 '씨앗'이 될 지체와 공동체를 소개하고 연결한다.

재정과 관련된 사역 원칙

- 우리는 사역의 모든 필요를 기도로 채우겠습니다.
- 우리는 빚으로 사역하지 않겠습니다.
- 우리는 다른 단체와 경쟁하지 않겠습니다.
- 우리는 사역자에게 합당한 사례를 지급하겠습니다.
- 우리는 재정이나 사역의 규모로 성공 여부를 평가하지 않겠습니다.
- 우리의 목표는 우리의 확장이 아니라 하나님 나라의 확장입니다.

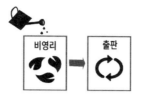

수익에 연연하지 않는 지속 가능한 출판

연락처

웹사이트: www.heavenlyseeds.net

전화번호: 031-398-4650

이메일주소: info@heavenlyseeds.com

관련 공동체

우리는 성령으로 세례받지 않고는 하늘로부터 오는 권세를 받을 수 없고 하나님의 일을 할 수도 없다고 생각합니다. 오늘날 교회의 여러 문제는 물과 성령으로 거듭나지 않은 니고데모와 같은 사람들이 주도하기 때문인지도 모르겠습니다. (요한복음 3:5) 이에 동의하는 작은 공동체가 있습니다.

한국 경기도 군포 | 하늘씨앗교회 info@heavenlyseeds.org

미국 Champaign, IL | 하늘씨앗 샴페인 공동체 purelamb@gmail.com